O Quadrilátero Wesleyano

O Quadrilátero Wesleyano
Uma Introdução

Don Thorsen

DTL Recursos abertos para
educação teológica global

DTL

©Digital Theological Library 2025
©Biblioteca Teológica Digital 2025

Library of Congress Cataloging-in-Publication Data
Dados de Catalogação na Publicação da Biblioteca do
Congresso

Don Thorsen
[The Wesleyan Quadrilateral: An Introduction / Don
Thorsen]
O Quadrilátero Wesleyano: Uma Introdução / Don
Thorsen

165 + xiii pp. cm. cm. 15.24 x 22.86
ISBN 979-8-89731-072-2 (livro impresso)
ISBN 979-8-89731-073-9 (livro eletrônico)
ISBN 979-8-89731-074-6 (Kindle)
        1. Wesley, John, 1703-1791.
        2. Igreja Metodista Unida (EUA) -- Doutrinas --
        História.
        3. Igreja Metodista -- Doutrinas -- História.
BT82.7 .T56 2025c

Este livro está disponível em vários idiomas em
www.DTLPress.com

Imagem da capa: John Wesley pregando no túmulo de seu
pai (pintura a óleo do século XIX na Capela Wesley,
Londres).
Crédito da foto: Equipe DTL

DTL

Dedicatória

Dedico este livro aos cristãos que reconhecem a autoridade religiosa primária das Escrituras, mas entendem em sã consciência que elas — passadas e presentes — se baseiam em um contexto mais amplo de autoridades religiosas genuínas, embora secundárias às Escrituras, e que a tradição da Igreja, o pensamento crítico e a experiência relevante devem ser integrados às crenças, valores e práticas cristãs.

Conteúdo

Prefácio Original

O Quadrilátero Wesleyano, uma forma abreviada usada pelos seguidores de John Wesley para resumir sua compreensão da autoridade religiosa, continua sendo crucial para a forma como os cristãos hoje entendem e vivem o evangelho de Jesus Cristo. A compreensão quádrupla de Wesley sobre a autoridade religiosa incluía as Escrituras, a tradição, a razão e a experiência. Ele via as Escrituras como únicas, inspiradas, confiáveis e a principal autoridade religiosa para as crenças, valores e práticas cristãs. Além disso, Wesley recorreu à tradição, à razão e à experiência como autoridades religiosas genuínas, embora secundárias, que ajudaram os cristãos a contextualizar sua compreensão e aplicação do cristianismo bíblico. Era importante para Wesley investigar o contexto completo dos dados religiosos ao estudar as Escrituras de forma indutiva e dedutiva, bem como a tradição da igreja e a experiência relevante, incluindo a experiência espiritual e física, individual e coletiva.

Nem todos os cristãos reconhecem conscientemente a natureza contextual de sua compreensão e aplicações teológicas das Escrituras. Portanto, esta introdução ao Quadrilátero Wesleyano visa, primeiramente, apresentar a compreensão de Wesley sobre a autoridade religiosa e o método teológico. Em segundo lugar, espera-se que cristãos de todas as tradições religiosas alinhem suas crenças e valores com suas práticas, contextualizando seu cristianismo sem perceber que estão fazendo isso.

Em 1990, publiquei *O Quadrilátero Wesleyano* pela Zondervan, e a Emeth Press ainda o publica. Esta *Introdução a O Quadrilátero Wesleyano* representa, em grande parte, uma abreviação do meu livro anterior, com revisões. A ênfase, portanto, está em uma compreensão histórica da teologia de Wesley, em vez de em pesquisas contemporâneas sobre o assunto. A maioria das revisões neste livro diz respeito à estrutura, nomenclatura e ordem dos capítulos, e à adição de perguntas para discussão ao final de cada capítulo. Se alguém deseja estudar o Quadrilátero Wesleyano com mais profundidade, pode ler meu livro anterior, *O Quadrilátero Wesleyano*.

Sou especialmente grato a Larry Wood, que me incentivou a escrever esta introdução. Larry tem sido meu mentor e amigo desde que fui seu aluno no Seminário Teológico de Asbury.

Como sempre, sou grato às minhas filhas Liesl, Heidi e Dana Thorsen, e ao marido de Heidi, Will Oxford. O amor e o apoio deles me sustentam em meu chamado para escrever livros que incentivem os cristãos a se tornarem mais conhecedores e eficazes na prática do cristianismo bíblico, tanto em palavras quanto em ações.

Prefácio desta Série e deste Livro

Esta Série

A missão da Biblioteca Teológica Digital (DTL) é ajudar todos a se envolverem tanto na reflexão autocrítica sobre sua própria fé quanto no diálogo humilde com pessoas de outras tradições. Em nosso trabalho com escolas teológicas em países em desenvolvimento, observamos uma clara necessidade de recursos teológicos em diversos idiomas.

Esta série foi elaborada para atender a essa profunda necessidade. A DTL está trabalhando diligentemente para encontrar obras conceituadas nas áreas de estudos bíblicos, religiosos e teológicos que possam ser amplamente disponibilizadas em tradução. Quando as circunstâncias permitirem, a DTL está adquirindo o direito de traduzir tais obras para outros idiomas e disponibilizando essas traduções nesta série.

Leitores atentos notarão que nenhum tradutor é mencionado nos créditos iniciais da obra. Portanto, devemos ressaltar que esta obra, como todas as obras traduzidas pela DTL, foi — em sua maior parte — traduzida por inteligência artificial. Confiamos que nossa aplicação de IA produziu uma tradução digna do texto previamente publicado pelo autor.

Talvez seja sensato explicar nossa abordagem em relação a citações e documentação. Sempre que possível, traduzimos citações dentro do texto e os comentários do autor em notas de rodapé do idioma original para o idioma de destino. No entanto, geralmente não traduzimos informações bibliográficas do idioma de origem para o idioma de destino. Nossa justificativa para essas decisões editoriais foi simples. Queríamos equilibrar a necessidade dos leitores de compreender os argumentos do autor (portanto, geralmente traduzimos citações) com a outra necessidade dos leitores de conhecer a fonte das citações e referências. Assim, citações dentro do texto e comentários do autor em notas são geralmente traduzidos, enquanto referências bibliográficas não são traduzidas. (Às vezes, nos desviamos desses princípios quando um autor se refere a um texto conhecido que está disponível em vários idiomas. Nesses casos, os títulos às vezes são traduzidos.)

Este Livro

O valor duradouro desta obra reside em sua análise madura, sutil e, ao mesmo tempo, acessível do método teológico de John Wesley como guia para a reflexão teológica. Embora John Wesley, o fundador do Metodismo no século XVIII, se declarasse "um homem de um só livro", ele tinha plena consciência de que as Escrituras eram um produto da Igreja e um dom da Igreja — um dom que exigia interpretação. Filho de um padre anglicano bem-educado, por um lado, e de uma mãe profundamente pietista, por outro, Wesley estava firmemente enraizado tanto no anglicanismo de sua época quanto nas práticas e experiências do pietismo ("conhecimento" e "piedade vital", como Wesley os chamava). A partir dessas raízes, Wesley desenvolveu o que viria a ser conhecido como o Quadrilátero Wesleyano: as Escrituras interpretadas por meio da razão, da tradição e da experiência. Este livro explora esse quadrilátero.

Gostaríamos de agradecer ao Dr. Don Thorsen — e à Emeth Press (a detentora original dos direitos autorais deste livro) — por sua generosidade em permitir que a DTL publicasse esta valiosa obra em outros idiomas (a obra original em inglês ainda pode ser adquirida na Emeth Press). Esperamos sinceramente que esta obra recém-traduzida encontre um público amplo e receptivo onde quer que seja lida ao redor do mundo.

Equipe da DTL

CAPÍTULO 1
O QUE QUADRILATERAL WESLEYANO?

À medida que John Wesley emergia como um dos principais líderes do revivalismo na Inglaterra no século XVIII, suas esperanças de renovação espiritual iam além da evangelização e do discipulado. Ele queria mesclar o que chamava de "religião do coração" com uma sólida base teológica no cristianismo bíblico.

Embora não se concentrasse no estudo sistemático e na escrita de teologia, Wesley demonstrou uma compreensão holística da fé cristã que suplantou seu trabalho acadêmico como exegeta bíblico ou teólogo. A compreensão teológica que ele desenvolveu baseou-se na abordagem metodológica que herdou das tradições anglicana e protestante continental, juntamente com um espírito católico que buscava incorporar contextualmente uma riqueza de insights sobre o verdadeiro cristianismo. Isso não resultou apenas em uma miscelânea eclética de crenças variadas; Wesley buscou formular ideias teológicas consonantes com as Escrituras. Mas, a fim de descrever a totalidade e a vitalidade características da verdadeira religião bíblica, ele apelou à tradição da Igreja, ao pensamento crítico e à experiência relevante como autoridades religiosas complementares. Essas autoridades, juntamente com a autoridade religiosa primária das Escrituras, contribuíram para uma abordagem da teologia que continua a ser relevante para os cristãos de hoje.

John Wesley como Teólogo

A estatura de Wesley como teólogo cresceu ao longo do tempo. O que inspira os leitores contemporâneos a se aprofundarem na teologia de Wesley? Muitos parecem impressionados com a relevância prática de seus empreendimentos teológicos.

Albert Outler, editor da edição acadêmica dos sermões de Wesley, descreve-o como um "teólogo popular"; essa descrição sugere uma visão de Wesley como "um teólogo tecnicamente competente com um notável poder de simplificação criativa".[1] Outros destacam a qualidade teológica dos escritos de Wesley. Por exemplo, Randy Maddox defende a reconsideração de Wesley como teólogo sistemático.[2] Outros ainda citam as contribuições de Wesley a doutrinas como cristologia, salvação e santificação.

Mildred Bangs Wynkoop oferece uma interpretação intrigante de Wesley em *A Theology of Love*. Sua abordagem criativa identifica o amor como o tema hermenêutico que permeia toda a obra de Wesley. Ao fazê-lo, ela apresenta a teologia de Wesley de uma forma que "se recomenda à nova compreensão da natureza pelo homem moderno e fornece uma base para o significado cristão da vida que todos os homens buscam, quer saibam ou não o que buscam".[3] Uma das muitas contribuições de Wynkoop para a erudição wesleyana é a proeminência que ela dá à metodologia de Wesley.

Wesley não articulou um método teológico explícito. Ele estava mais preocupado com a relevância prática e aplicabilidade da teologia do que com sua teoria. Mas ele não era indiferente à coerência e consistência na formulação de ideias teológicas. Ele aceitava somente as Escrituras (lat., *sola Scriptura*), que enfatizavam a autoridade final das Escrituras, e se tornaram o lema da abordagem protestante à doutrina cristã no século XVI. Ele também aceitava o espírito com que os estudiosos anglicanos abordavam a teologia na Igreja da Inglaterra. Eles não estavam preocupados em desenvolver teologias sistemáticas; em vez disso, eles buscavam um método teológico que pudesse integrar várias fontes de autoridade religiosa em um espírito de catolicidade — um espírito de acolhimento e inclusão de crenças, valores e práticas díspares.

Nesse mesmo espírito, a distinção de Wesley reside não em uma teologia sistemática, mas em um método teológico — isto é, a estrutura na qual as questões teológicas são formuladas e respondidas. O trabalho sintético do teólogo diz respeito mais à qualidade do método ou aos meios de abordar questões religiosas do que à qualidade do sistema ou ao resultado final da pesquisa teológica. Certamente, Wesley reconhecia o valor de ambos para os cristãos, mas via maior valor no método pelo qual se abordavam as necessidades imediatas das pessoas dentro e fora da igreja. Wesley encontrava plenitude mais no processo de fazer teologia do que em sua percepção de completude.

Como Wesley não articulou formalmente seu método teológico, devemos destilá-lo de seus escritos, e as obras de Wesley fornecem muitas pistas sobre a natureza de sua abordagem metodológica. No Prefácio de 1771 de suas obras reunidas, Wesley escreve "que nesta edição apresento a homens sérios e sinceros meus últimos e mais maduros pensamentos, de acordo, espero, com as Escrituras, a razão e a antiguidade cristã".[4] Aqui, Wesley exibe influências protestantes continentais e anglicanas em sua abordagem à teologia; ou seja, ele mantém a primazia da autoridade das escrituras em seus escritos, listando-a sempre em primeiro lugar. Mas em outro lugar, Wesley menciona a experiência como uma autoridade religiosa genuína que precisa ser reconhecida juntamente com a tradição e a razão como um meio de confirmar, iluminar e vitalizar as verdades das Escrituras. Em um exemplo notável, Wesley a inclui no título de sua mais longa monografia teológica: *The Doctrine of Original Sin, according to Scripture, Reason, and Experience*.

Alguém poderia questionar a inclusão de Wesley de qualquer coisa além das Escrituras como uma autoridade religiosa genuína. Mas isso não era um problema para

Wesley, que viveu no contexto da teologia anglicana do século XVIII. Os anglicanos há muito apelavam à tradição e à razão como autoridades religiosas genuínas. Esses apelos não contradiziam o princípio da Reforma Continental de *sola Scriptura*. Os teólogos anglicanos perceberam que os reformadores haviam integrado a experiência humana, a razão e a tradição como fatores em seu método teológico. Os anglicanos, incluindo Wesley, consideravam suas abordagens à teologia complementares à *sola Scriptura*. As Escrituras permaneceram a principal fonte de autoridade religiosa, mas outras fontes foram especificamente nomeadas como necessárias — embora secundárias e contingentes à primazia das Escrituras inspiradas — à reflexão teológica.

Escritura, Tradição, Razão e Experiência

Wesley raramente se referia às quatro fontes de autoridade religiosa simultaneamente, mas, quando o fazia, referia-se a uma doutrina ou ideia teológica específica. Por exemplo, Wesley se refere às quatro fontes em um panfleto intitulado "Os Princípios de um Metodista", que foi seu primeiro escrito controverso em prol do avivamento metodista. Nele, Wesley defende sua doutrina da santificação:

> Se houver algo antibíblico nestas palavras, algo selvagem ou extravagante, algo contrário à analogia da fé, ou à experiência dos cristãos adultos, que eles "me castiguem amigavelmente e me repreendam"; que eles me transmitam a luz mais clara que Deus lhes deu.[5]

Aqui, Wesley rejeita crer em qualquer coisa contrária às Escrituras ou à razão, afirmando apenas o que é razoável à luz delas. Crenças, valores e práticas "selvagens ou extravagantes" não eram coerentes com a compreensão de Wesley das Escrituras, nem com a lógica e o pensamento crítico.

O uso que Wesley faz da analogia da fé implica sua afirmação da rica tradição de tentativas cristãs de interpretar e compreender verdades bíblicas. Embora ele se voltasse mais para a antiguidade cristã, ele não se opunha a considerar muitas outras fontes de percepção teológica. A "analogia da fé" (lat., *analogia fidei*) é um conceito comum na história da interpretação bíblica. Ela pressupõe um senso do significado teológico da Escritura que é necessário além da "analogia da Escritura" (lat., *analogia Scriptura*). (Esta última tem a ver com interpretar passagens obscuras, difíceis ou ambíguas da Escritura, comparando-as com passagens claras e inequívocas que se referem ao mesmo ensinamento ou evento.) Wesley afirmou ambos como análogos necessários para a correta compreensão das verdades cristãs.

Por fim, Wesley apelou para a experiência de cristãos cheios do Espírito, particularmente aqueles que atingiram um grau de maturidade em sua compreensão e comprometimento com questões tão complexas como a doutrina da santificação. Ao apelar para a experiência, Wesley anunciou uma mudança sutil, porém profunda, no desenvolvimento histórico do método teológico. Ele não pretendia ser inovador em sua abordagem à teologia. Pelo contrário, buscou conformar-se à tradição ortodoxa das crenças cristãs transmitidas pela igreja apostólica. Portanto, seu apelo à experiência refletiu uma tentativa explícita de afirmar o que sempre fora assumido como parte da vida cristã vital. Para manter em tensão a necessidade da religião do coração, bem como da mente, Wesley queria reconhecer a dimensão experiencial de toda religião verdadeira e bíblica. Ele não via isso como algo novo ou revolucionário. Mas sinalizava uma mudança de paradigma na forma como os cristãos conscientemente entendem e proclamam o cristianismo.

Nisto reside um ponto forte singular do método teológico de Wesley, a saber, o reconhecimento, a delineação e a aplicação das autoridades contextuais da tradição, da razão e da experiência, em contribuição e em correlação com a autoridade religiosa primária das Escrituras. Wesley conseguiu isso introduzindo suas ideias progressistas, especialmente quanto ao papel da experiência, no contexto das crenças cristãs ortodoxas — uma tensão que teólogos posteriores tiveram menos sucesso em manter.

Método Experimental

Assim, Wesley abordou a teologia a partir de uma perspectiva autoconsciente e consistente, utilizando o que ele descreveu como um método experimental. Esse método consistia no uso adequado do raciocínio indutivo e dedutivo e na investigação de evidências apropriadas e relevantes para a religião. As Escrituras continuaram a representar a autoridade religiosa primária; todas as outras eram autoridades secundárias, embora complementares, na busca pela verdade religiosa. Essas autoridades secundárias serviam para confirmar, avaliar e aplicar o que era encontrado nas Escrituras. Wesley correlacionou cada elemento em uma compreensão gestáltica das verdades religiosas que fazia justiça tanto ao conteúdo racional do cristianismo quanto à piedade vital e espiritual característica de um relacionamento pessoal com Deus.

Para atingir esses objetivos, Wesley percebeu que precisava ir além do simples estudo das Escrituras. Assim, suas investigações teológicas implicavam uma busca por fatos relevantes para a religião, encontrados fora das Escrituras. Como a síntese de Wesley possui propriedades que não são facilmente deduzidas da soma de suas partes, precisamos apreender regras ou princípios representativos de seu pensamento. Devemos lembrar que Wesley não era um teólogo sistemático no sentido usual do termo. Embora buscasse ser coerente e consistente ao escrever teologia, ele seguia sem remorso o paradigma da teologia anglicana, que se preocupava mais com o espírito e o método com que se abordavam questões individuais de doutrina e teologia prática. Consequentemente, faz sentido articular um paradigma teológico que reflita a modificação feita por Wesley (pela adição da experiência) do uso triplo da Escritura, da tradição e da razão encontrado na teologia anglicana, que se fundamentava na afirmação da Reforma da primazia da autoridade escriturística.

O Quadrilátero Wesleyano

O quadrilátero wesleyano é um paradigma, ou modelo, de como Wesley abordou a tarefa da teologia. Wesley não cunhou o termo nem o utilizou; o quadrilátero wesleyano representa uma tentativa moderna de resumir o conjunto quádruplo de diretrizes que Wesley utilizou em suas reflexões sobre teologia. Albert Outler referiu-se ao quadrilátero wesleyano pela primeira vez no final da década de 1960, enquanto servia na comissão de doutrina e padrões doutrinários da Igreja Metodista Unida. Outler optou por usar o quadrilátero como um análogo ao termo já familiar usado pelas igrejas anglicana e episcopal, a saber, "Quadrilátero de Lambeth", que articulava seus fundamentos para uma igreja cristã reunificada.[6]

A substância do quadrilátero wesleyano é diferente do quadrilátero de Lambeth. Mas Outler considerou que o termo serviria como uma forma útil de se referir à interação contextual entre as quatro autoridades religiosas da teologia de Wesley. Neste livro, o quadrilátero servirá de modelo para investigar a maneira como Wesley abordou a teologia, mantendo em tensão a primazia da autoridade escritural com as autoridades complementares da tradição eclesiástica, do pensamento crítico e da experiência relevante.

Outler não pretendia que o quadrilátero fosse usado como uma figura geométrica. Tais figuras parecem estáticas e podem ser desenhadas de maneiras que distorcem ênfases importantes encontradas na teologia de Wesley. Em vez disso, Outler optou por usar o quadrilátero metaforicamente. Ele disse:

A intenção era servir de metáfora para uma síndrome dos quatro elementos, incluindo as diretrizes quádruplas de autoridade do método teológico de Wesley. Em tal quaternidade, a Sagrada Escritura é claramente única. Mas isso, por sua vez, é iluminado pela sabedoria cristã coletiva de outras eras e culturas, entre a Era Apostólica e a nossa. Também permite o resgate do Evangelho do obscurantismo por meio das disciplinas da razão crítica. Mas sempre, a revelação bíblica deve ser recebida no coração pela fé: este é o requisito da "experiência".[7]

Apesar da possibilidade de mal-entendidos, o termo "quadrilátero" tornou-se popular para se referir a Wesley tanto dentro quanto fora dos círculos wesleyanos. Outler lamentou publicamente ter cunhado o termo, visto que ele tem sido tão amplamente mal interpretado.[8] Mas o termo é tão popular que merece um tratamento mais aprofundado, embora não seja o único modelo para o estudo da teologia de Wesley. Outros modelos poderiam ser usados, como, por exemplo, os modelos de Wesley como um teólogo prático, ecumênico ou sistemático que foram usados no passado. Mas para estudar a qualidade criativa, contextual e vivificante da teologia de Wesley, o quadrilátero serve como o modelo mais útil.

Existe hoje a necessidade de um modelo genuinamente contextual de teologia que considere a importância interdependente de todos os reivindicadores históricos de autoridade religiosa — a saber, tradição, razão e experiência — em relação às Escrituras. A ênfase dos reformadores na *sola Scriptura* representou um importante contraponto aos abusos de autoridade da Igreja no catolicismo romano do século XVI. Mas os próprios reformadores apelaram para mais do que as Escrituras ao formular a teologia, reconhecendo a necessidade de apresentar suas crenças de forma bem fundamentada que refletisse os credos ecumênicos da igreja patrística. Seja como for, os protestantes subsequentes consideraram a *sola Scriptura* exclusivamente como Escritura, em vez de Escritura principalmente. Tal exclusividade não conseguiu comunicar a complexidade e a sofisticação das crenças, valores e práticas cristãs. Os cristãos da Igreja da Inglaterra perceberam essa fraqueza e se esforçaram para fornecer uma maneira mais realista e cativante de descrever o cristianismo.

Teólogos anglicanos como Richard Hooker buscaram desenvolver um meio-termo (lat., *via media*) entre as ênfases teológicas exageradas que percebiam no protestantismo continental e no catolicismo romano. Eles esperavam evitar as restrições episcopais do catolicismo romano e as categorias teológicas limitadas do protestantismo, ambas consideradas como obstáculos a uma compreensão abrangente e vital do cristianismo. Ao apelarem explicitamente à tradição e à razão, juntamente com as Escrituras, em busca de autoridade religiosa, os anglicanos não se consideravam particularmente inovadores, mas, em vez disso, acreditavam ter trazido maior integridade aos seus esforços teológicos e ministeriais.

Usar o quadrilátero como modelo ajuda a nos comunicar que Wesley compartilhava a mesma preocupação com a abrangência e a vitalidade de seus antepassados anglicanos. O quadrilátero nos permite manter a compreensão gestáltica da abordagem teológica de Wesley sem tentar delinear uma teologia sistemática, o que, para todos os efeitos práticos, Wesley nunca pretendeu ou desejou.

Wesley se preocupava com o envolvimento prático no ministério, e sua obra teológica foi escrita para atender a esse propósito. Assim como o aprendizado e o ministério não ocorrem em abstrato, Wesley abordou a teologia com a aplicação em mente para a resolução de problemas. Seja uma questão de doutrina ou de conveniência ministerial, Wesley tentou manter em tensão tudo o que acreditava ser relevante para as necessidades imediatas. É por isso que ele modelou sua teologia de perto no que considerava a tradição mais autêntica da igreja cristã transmitida pela Reforma Protestante e pela Igreja da Inglaterra. Sua incorporação da experiência em seu método teológico, embora possa ter afetado inicialmente apenas um pequeno grupo, foi uma ideia germinal que continua a ser importante para o desenvolvimento histórico da teologia.

Perguntas para discussão

Em que sentido você considera as Escrituras a principal autoridade religiosa para decidir sobre crenças, valores e práticas cristãs? Embora você possa afirmar o que, em teoria, é sua principal autoridade religiosa, na prática ela é fundamental para você?

De que maneiras a tradição eclesiástica contribuiu para a sua compreensão do cristianismo? Como a tradição do passado influencia você e como a sua experiência eclesiástica atual influencia você?

Como a razão, ou o pensamento crítico, contribui para suas crenças, valores e práticas como cristão?

Em que medida a experiência afeta sua compreensão do cristianismo? Realisticamente, como seu contexto pessoal influencia suas crenças, valores e práticas?

De que maneiras o quadrilátero wesleyano é uma maneira útil de falar sobre como você entende o cristianismo? Ele é útil para qualquer tipo de tomada de decisão como cristão? De que maneiras o quadrilátero wesleyano pode não ser útil?

A referência de Wesley à experiência como autoridade religiosa foi um acréscimo necessário à afirmação anglicana das Escrituras, da tradição e da razão? De que maneiras *a Sola Scriptura é* útil, ou não, para falar sobre como você entende a autoridade religiosa?

Notas

[1]Albert C. Outler, introduction, *Works* (Bicentennial ed.), 1:67. Cf. Albert C. Outler, "John Wesley: Folk Theologian," *Theology Today* 34, no. 2 (1977): 150– 60.

[2]Randy L. Maddox, "Responsible Grace: The Systematic Nature of Wesley's Theology Reconsidered," *Wesleyan Theological Journal* 19, no. 2 (1984): 7–22. Cf. H. Ray Dunning, "Systematic Theology in a Wesleyan Mode," *Wesleyan Theological Journal* 17, no. 1 (1982): 15–22; e as teologias sistemáticas wesleyanas desenvolvidas por Richard Watson, *Theological Institutes*, 2 vols. (New York: Lane & Scott, 1851); William B. Pope, *Compendium of Christian Theology*, 3 vols., 2nd ed. (N.p.: Phillips & Hunt, 1880); and H. Orton Wiley, *Christian Theology*, 3 vols. (Kansas City: Beacon Hill, 1940).

[3]Mildred Bangs Wynkoop, *A Theology of Love* (Kansas City: Beacon Hill, 1972), 11.

[4]Preface to the third edition, §6, *Works* (Jackson ed.), l:iv.

[5]"Principles of a Methodist," §13, *Works* (Jackson ed.), 8:365.

[6]O uso do quadrilátero Wesleyano reflete um modelo analógico e não uma réplica. Um modelo analógico não deve ser entendido como uma representação precisa de características reais que estão sendo modeladas.

[7]Albert C. Outler, "The Wesleyan Quadrilateral in John Wesley," *Wesleyan Theological Journal* 20, no. 1 (1985): 11.

[8]Outler, "The Wesleyan Quadrilateral in John Wesley," 16.

CAPÍTULO 2
ESPÍRITO DA TEOLOGIA DE WESLEY

John Wesley buscou unir a realidade dinâmica e plena do Espírito da vida em Jesus Cristo com um pensamento analítico e crítico sólido. Referindo-se às palavras de seu irmão Charles, John buscou "unir o par há tanto tempo separado, Conhecimento e piedade vital: Aprendizagem e santidade combinados".[1] Os leitores entendem melhor a teologia de Wesley por critérios alinhados à intenção ou ao espírito de seus escritos.

Ao afirmar falar "a verdade pura e simples para pessoas simples", Wesley simplesmente queria se chamar de "cristão bíblico".[2] Já em seus dias de estudante em Oxford, Wesley se orgulhava de se chamar *homo unius libri* — "um homem de um só livro".[3] Ao apelar para "a lei e o Testemunho", Wesley afirmou: "Este é o método geral para saber o que é 'a santa e aceitável vontade de Deus'".[4] Mas, ao longo de seus escritos, ele apelou para mais do que as Escrituras; a abordagem de Wesley exibe maior complexidade.

Embora Wesley se concentrasse mais em interesses práticos e soteriológicos relativos à vida cristã, ele escreveu com a intenção de ser metódico ou, pelo menos, consistente. Ao discutir a perfeição cristã em 1777, Wesley afirmou que escrevia com pureza e simplicidade de intenção, e que suas visões não haviam mudado substancialmente por mais de trinta e oito anos.

Integrando Escritura, Tradição, Razão e Experiência

Umphrey Lee comenta que a maioria dos estudiosos de Wesley "facilmente presumiu que Wesley simplesmente restabeleceu a teologia ortodoxa e a letra da Bíblia como infalibilidades cristãs, ou que ele estabeleceu a experiência cristã como a autoridade final".[5] Lee considera a questão mais complexa porque Wesley reconheceu "quão impossível é encaixar os múltiplos fatos da experiência humana em qualquer um dos moldes teológicos que estavam à sua disposição".[6]

A observação de Lee nos leva ao quadrilátero, que serve neste livro como paradigma ou modelo para investigar o método teológico de Wesley e o uso de autoridades religiosas, especificamente a relação entre Escritura, tradição, razão e experiência. O modelo se mostra útil para distinguir as quatro autoridades às quais Wesley recorreu, em graus variados, em sua abordagem à teologia.

Na prática, o termo quadrilátero às vezes distorceu a compreensão de Wesley sobre o método teológico e a autoridade religiosa. A própria natureza do termo sugere uma igualdade geométrica ou homogeneização dos quatro elementos. Embora uma concepção geométrica não tenha sido pretendida por aqueles que cunharam o termo, muitas vezes isso levou as pessoas a pensarem que todas as partes do quadrilátero wesleyano têm o mesmo valor ou autoridade em teologia. Na pior das hipóteses, resultou em uma espécie de votação entre as quatro fontes de autoridade, onde duas ou mais podem sobrepor-se umas às outras, impugnando potencialmente a autoridade primária das Escrituras.

É claro que Wesley nunca pretendeu que isso acontecesse. Para ele, a Escritura sempre representou a autoridade religiosa primária. Wesley acreditava que a tradição, com o discernimento adequado, reforça a verdade das Escrituras, assim como a razão e a experiência. Se alguém insiste em escolher uma figura geométrica como paradigma para Wesley, um tetraedro — uma pirâmide tetraédrica — seria mais apropriado do que um quadrado equilátero. A Escritura serviria como o fundamento primário da pirâmide, com os três lados rotulados como tradição, razão e experiência como autoridades religiosas complementares, mas não primárias.

Uma das explicações mais criativas para o quadrilátero wesleyano pode ser encontrada nos escritos de Richard Lovelace. Lovelace, um presbiteriano, argumenta que Wesley, assim como os reformadores continentais, manteve em equilíbrio as quatro fontes da verdade que moldam a qualidade da nossa fé. Ele disse:

É útil analisar nossa situação atual usando o que tem sido chamado de "quadrilátero wesleyano"...

Imagine um campo de beisebol. A base inicial é a Escritura. A primeira base é a tradição. A segunda base é a razão e a terceira base é a experiência.

Nenhum movimento moderno tem a coragem radical de seguir as Escrituras para onde elas levam, temperadas com as delicadas correções do conhecimento tradicional, da razão e da experiência, que os reformadores e John Wesley demonstraram.[7]

Presumivelmente, é preciso começar a reflexão teológica com o ponto de partida — as Escrituras. Mas, para "marcar um ponto", por assim dizer, é preciso cruzar (por exemplo, analisar, contextualizar, sintetizar) as bases da tradição, da razão e da experiência antes de completar o retorno às Escrituras — o início e o fim da reflexão teológica.

Qualquer modelo, no entanto, eventualmente se desintegra quando se trata de tais questões. Pode-se facilmente inverter a pirâmide e diminuir a autoridade das Escrituras, ou talvez inverter a pirâmide com a razão ou a experiência servindo como fundamento. Da mesma forma, o paradigma do campo de beisebol de Lovelace poderia ser distorcido. O importante a lembrar é a primazia que Wesley atribuiu às Escrituras; outras autoridades religiosas a

15

complementaram, mas nunca a superaram. Wesley pôde acreditar em tudo isso porque nunca esperou que a tradição, a razão ou a experiência refutassem as Escrituras de forma substancial. Assim, para compreender o quadrilátero wesleyano, em relação a Wesley e seu precursor na teologia anglicana, devemos entendê-lo histórica e teologicamente, e não geometricamente. Apesar das tentações de fazer o contrário, devemos conceber o quadrilátero wesleyano metafórica e dinamicamente, em vez de literal e estaticamente.

Tentativas de elaborar um modelo geométrico ou analogia para o uso que Wesley fazia das Escrituras, da tradição, da razão e da experiência contradizem sua abordagem à teologia. Wesley tinha uma abordagem mais orgânica, contextual e prática. As Escrituras permaneceram primárias em sua autoridade religiosa, mas Wesley esperava que pelo menos a razão e a experiência apoiassem e iluminassem prontamente as verdades bíblicas. Não havia necessidade de articular uma relação hierárquica precisa entre as várias fontes de autoridade, pois Wesley não esperava que elas se contradissessem e prejudicassem mutuamente.

Quando quero ilustrar o quadrilátero, uma analogia orgânica comunicaria melhor o caráter contextual e integrativo do método teológico de Wesley.[8] Talvez uma analogia do corpo humano seja suficiente. Assim como a descrição de Paulo da igreja como o "corpo de Cristo",[9] a Escritura, a tradição, a razão e a experiência funcionam como um todo orgânico, interagindo de forma interdependente e dinâmica entre si. A Escritura pode servir como a cabeça, ou podemos falar de Jesus Cristo como a cabeça e da Escritura como a revelação especial de Deus. Mas não devemos falar de uma única parte do corpo sem as outras: Escritura, tradição, razão e experiência. As várias partes são interdependentes para viver uma vida saudável e produtiva — tanto para a vida cristã quanto para a reflexão teológica.

Caráter prático da teologia de Wesley

Ao longo dos escritos de Wesley, encontramos uma preocupação constante em atender tanto às necessidades espirituais das pessoas quanto aos aspectos práticos de suas necessidades pessoais e sociais. Em relação às primeiras, Wesley buscou proclamar a mensagem do evangelho e nutrir espiritualmente aqueles que creem. Sua experiência demonstrava que as pessoas tinham amplas necessidades espirituais. Ele também observou que as pessoas tinham amplas necessidades práticas que afetavam todos os aspectos da vida pessoal e social; Wesley buscou atender a essas necessidades com compaixão e apoio.

Uma estrutura pessoal de teologia.

Como vimos, Wesley demonstrava grande preocupação para que os cristãos não sucumbisse a seguir uma religião meramente formal e escolástica. A teologia deveria promover, e não obstruir, a vivacidade da inspiração e orientação do Espírito Santo sobre os crentes, individual e coletivamente. Assim, Wesley interpretava as Escrituras no contexto do pessoal. Ou seja, ele se importava com os indivíduos, com seu relacionamento com Deus e com suas vidas santas motivadas pelo amor. A verdadeira religião nunca deveria ser apenas formal ou exterior.

O ingrediente mais importante da concepção personalizada e participativa de Wesley sobre a religião do coração é sua ênfase no amor — o amor divino no coração humano que se manifesta no amor a Deus e ao próximo. Wesley considerava essa ênfase no amor "o caminho mais excelente", um renascimento da promoção do amor por Jesus Cristo e pelo cristianismo primitivo.[10] Ele acreditava que a

Igreja de Roma, sob a influência do Papa, era excessivamente escolástica e tinha "uma tendência natural a impedir, se não destruir completamente, o amor a Deus... [e] o amor ao próximo".[11] Além disso, a Reforma Protestante, especialmente sob a influência da doutrina da predestinação de Calvino, minimizou a centralidade do amor, dando grande ênfase a uma concepção determinista (em vez de amorosa) da soberania, providência e eleição de Deus. Rejeitando essas abordagens à religião como formalistas e, portanto, contrárias à ideia do amor como mensagem central do evangelho, Mildred Bangs Wynkoop observa que Wesley defendia o amor "como um fator unificador na teologia e um fator humanizador na vida".[12]

Habilidades em organização e disciplina.
    Wesley investiu em seus empreendimentos pessoais, teológicos e eclesiásticos uma enorme quantidade de energia e habilidades organizacionais para instaurar a disciplina religiosa. Alguns consideram as habilidades organizacionais e a disciplina religiosa de Wesley como algumas de suas maiores contribuições à igreja cristã, especialmente em termos de desenvolvimento de redes de reuniões de pequenos grupos. Colin Williams se refere a tais grupos como *"ecclesiolae in ecclesia"*, pequenos grupos voluntários de crentes que vivem sob a Palavra e buscam vida sob a vida da disciplina.[13] Essas reuniões foram planejadas tanto para ajudar os crentes que desejavam mais nutrição cristã do que a disponível atualmente na frequência à igreja aos domingos, quanto para renovar a própria igreja. Embora os padrões públicos e privados estabelecidos por Wesley fossem frequentemente rigorosos, eles geralmente alcançavam seu propósito de promover o crescimento religioso genuíno em indivíduos, no corpo da igreja e no ministério a pessoas fora das igrejas.

Assim como Wesley era metódico na promoção de uma vida santa, ele era metódico em sua compreensão e em seus escritos teológicos. Wesley foi o principal arquiteto do movimento metodista. O metodismo foi sustentado por volumosas publicações de sermões, atas de conferências, diários e outros tratados de Wesley que sustentaram por séculos o metodismo e suas ramificações eclesiásticas.

Expressão contemporânea de crenças.
Wesley buscou pregar e ensinar de maneiras facilmente compreensíveis para pessoas comuns. No prefácio de Sermões em Diversas Ocasiões, ele deixou bem clara sua intenção de falar a verdade simples para pessoas comuns, isto é, de uma forma que pudesse ser compreendida por todos. Wesley disse:

> Escrevo agora (como falo em geral) *ad populum* — para a maior parte da humanidade — para aqueles que não apreciam nem compreendem a arte da fala, mas que, apesar disso, são juízes competentes das verdades necessárias à felicidade presente e futura. Digo isso para que leitores curiosos se poupem do trabalho de procurar o que não encontrarão.[14]

Embora Wesley tentasse usar termos simples, ele não falava de forma simplista, nem desconhecia as complexidades do mundo. Pelo contrário, ele lia vorazmente e encorajava seus assistentes metodistas a fazerem o mesmo para que se tornassem comunicadores mais eficazes do Evangelho.

Wesley editou a Biblioteca Cristã, com cinquenta volumes, para ajudar a expandir o conhecimento do cristão comum, particularmente em questões de teologia prática. Tais esforços de Wesley revelam sua intenção de falar a uma sociedade ampla, não necessariamente familiarizada com os conceitos básicos da fé e prática cristãs. Wesley transitava facilmente entre todos os tipos de pessoas, comunicando-se eficazmente com elas e atendendo às suas necessidades.

Preocupações holísticas e sociais.

Os escritos de Wesley são permeados pela preocupação em atender às necessidades espirituais e práticas. Espiritualmente, Wesley buscou proclamar a mensagem do evangelho e nutrir aqueles que creem. Para tanto, ele estava disposto a considerar o que a experiência tem a dizer ao decidir sobre um curso de ação, mesmo quando tal curso não encontra garantia explícita nas Escrituras ou na tradição da Igreja. O método teológico de Wesley influenciou a maneira como ele aplicou essa teologia à vida, e sua consciência dessas aplicações (ou experiências relacionadas) influenciou, inversamente, sua teologia. Assim, ele estava disposto a experimentar as práticas pouco ortodoxas de pregação ao ar livre, reuniões prolongadas de pequenos grupos no meio da semana, nomeação de pregadores leigos e permissão para mulheres servirem como pregadoras leigas tanto para homens quanto para mulheres.

O cuidado de Wesley pelas pessoas ia além do seu bem-estar espiritual. Em sua época, ele esteve na vanguarda do auxílio ao alívio dos males sociais da Inglaterra do século XVIII. Wesley realizou isso por meio da compaixão e também da defesa dos direitos humanos. Seu cuidado pelas almas se estendia à pessoa como um todo, especialmente entre os pobres, os ignorantes, os doentes e os despossuídos — por exemplo, escravos e prisioneiros.

Os pobres receberam atenção especial.

Para eles, Wesley direcionou seu principal cuidado evangelístico e seu ativismo social. Por exemplo, Wesley forneceu cuidados médicos básicos e escreveu manuais médicos simples para ajudar aqueles que não podiam pagar por cuidados profissionais. Ele fundou o que veio a ser conhecido como "a Casa dos Pobres" para pessoas como viúvas que não podiam cuidar de si mesmas. Wesley também fundou um orfanato.[15] Ele assumiu a responsabilidade de educar aqueles que não tinham condições de obter educação, por exemplo, na Escola Kingswood. Wesley também criou um fundo de empréstimo beneficente para pessoas com necessidades financeiras imediatas, com a única condição de que pagassem o empréstimo em até três meses.

Wesley pregou o que praticou.

Muitos sermões tinham como objetivo instruir os metodistas sobre como lidar com seu dinheiro, tanto para auxiliar o trabalho do ministério quanto para atender às necessidades dos pobres. Seu sermão mais conhecido sobre dinheiro intitula-se "O Uso do Dinheiro". Nele, Wesley exortava os cristãos a ganharem tudo o que puderem, pouparem tudo o que puderem e doarem tudo o que puderem.[16] Wesley logo descobriu que seus seguidores metodistas eram bons nos dois primeiros princípios, mas ignoravam o terceiro princípio contra a acumulação de excedentes, que ele considerava o principal pecado da práxis cristã. Ele estava tão preocupado com o mau uso do dinheiro e as injustiças correspondentes contra os pobres que publicou vários sermões alertando especificamente sobre o perigo espiritual (para o acumulador) e o perigo social (para o potencial recebedor) da falha em distribuir a riqueza de forma justa. Outler reconhece apropriadamente que os sermões de Wesley eram:

> Em claro contraste com a noção, defendida pelos puritanos, mas aprovada por outros, de que a riqueza conquistada honestamente é um sinal e medida do favor divino. O interessante é que o radicalismo econômico de Wesley nesse ponto foi ignorado, não apenas pela maioria dos metodistas, mas também pelos historiadores econômicos.[17]

Alguns podem avaliar a pregação e os ensinamentos de Wesley sobre responsabilidade social como focados na transformação da sociedade pela renovação espiritual dos indivíduos, em vez de sua transformação social ou

21

institucional. Wesley viveu em uma época em que a consciência social compartilhada pelos cristãos contemporâneos era pouco desenvolvida e, portanto, não devemos esperar de Wesley o tipo de sensibilidade e práxis teológica buscada pelos cristãos ativistas hoje. Mas, em sua defesa social e econômica, Wesley estabeleceu a estrutura conceitual para o envolvimento político posterior de metodistas e representantes do Movimento da Santidade, por exemplo, o Exército da Salvação. Vivian Green escreve que o "radicalismo religioso de Wesley atuou como parteira para a reforma política".[18] Williams encontra no apoio abolicionista de Wesley a William Wilberforce uma crença "de que Deus designa tempos (*kairoi*) em que a obediência completa de seus seguidores e dos líderes que ele designou é necessária".[19]

Wesley antecipou a necessidade de os cristãos fazerem mais do que enfatizar ministérios de compaixão em prol dos pobres. Os cristãos também precisam advogar pela correção das causas do empobrecimento e da injustiça, para que práticas sociais e institucionais injustas não continuem a oprimir as pessoas, individual e coletivamente.

Perguntas para discussão

Qual a importância da consistência teológica para os cristãos? De que maneiras uma teologia sistemática pode ser útil, ou inútil, para descrever o cristianismo?

Como você entende a relação entre Escritura, tradição, razão e experiência? Você consegue imaginar uma imagem (diagrama, imagem) que o ajude a entender a inter-relação entre elas? De que maneiras as imagens são úteis, ou inúteis, para descrever a abordagem teológica de alguém?

Qual a importância de focar na dimensão experiencial (ou experimental) do cristianismo? Até que ponto ser cristão é mais uma jornada de descoberta do que um conjunto de doutrinas teológicas?

Qual a importância dos grupos cristãos para ajudar as pessoas a se tornarem cristãs? Por exemplo, qual a importância da frequência constante à igreja? Qual a importância da participação em pequenos grupos de prestação de contas para o discipulado cristão?

Por que os cristãos precisam ser cuidadosos na forma como comunicam suas crenças, valores e práticas? Como o cristianismo pode ser comunicado de forma mais eficaz hoje para familiares, amigos e vizinhos — tanto local quanto globalmente?

Qual a importância de os cristãos demonstrarem compaixão por aqueles que são pobres ou socialmente desafiados de alguma forma? Qual a importância de os cristãos defenderem aqueles que sofrem injustamente vários tipos de marginalização, discriminação e perseguição?

Notas

[1]Charles Wesley, "A Collection of Hymns for the use of the People called Methodists, 1780," Hymn 461, 1.5, *Works* (Oxford ed.), 7:644.

[2]Preface, §3, "Sermons on Several Occasions," *Works* (Bicentennial ed.), 1:104, and "On God's Vineyard" (1787, sermon 107), I.1, *Works* (Bicentennial ed.), 3:504.

[3]Preface, §5, "Sermons on Several Occasions," *Works* (Bicentennial ed.), 1:105. Cf. "On God's Vineyard" (1787, sermon 107), 1.1, *Works* (Bicentennial ed.), 3:504, and "A Plain Account of Christian Perfection," §S, *Works* (Jackson ed.), 11:367.

[4]"The Nature of Enthusiasm" (1750, sermon 37), §22, *Works* (Bicentennial ed.), 2:54.

[5]Umphrey Lee, *John Wesley and Modern Religion* (Nashville: Cokesbury, 1936), 143.

[6]Lee, *John Wesley and Modern Religion*, 143.

[7]Richard Lovelace, "Recovering Our Balance,' *Charisma* (August 1987): 80.

[8]Neste ponto, tomo a liberdade de divagar e apresentar um modelo orgânico para o quadrilátero wesleyano. Tal esforço não deve ser entendido como uma tentativa histórica de explicar o método teológico de Wesley. Em vez disso, considere-o um exercício de livre associação em relação ao uso que Wesley faz das Escrituras, da tradição, da razão e da experiência.

No sermão "O que é o homem? Salmo 8:4", Wesley falou da humanidade em termos de (1) corpo, semelhante a um mecanismo composto de vários elementos, (2) alma, capaz de pensar e sentir, (3) liberdade, que representa nossa capacidade distintiva de escolher, e (4) fim ou objetivo da vida — aquilo que mais "nos interessa conhecer e considerar profundamente". Veja "What Is Man? Psalm 8:4" (1788, sermon 116), *Works* (Bicentennial ed.), 4:20–27.

Pode-se imaginar que o corpo é análogo à experiência, visto que é composto de vários elementos sensíveis. A alma é análoga à razão, que não consegue compreender plenamente nem os movimentos nem a finalidade do corpo. A liberdade é análoga à tradição, porque a tradição reflete intencionalmente sobre a história da alma e do corpo, individual e coletivamente. O fim ou objetivo da vida é análogo às Escrituras, visto que somente as Escrituras nos falam do nosso único fim: preparar-nos para a eternidade, que já começou entre os crentes aqui e agora. É claro que Wesley acreditava que a verdadeira tarefa da teologia é movida pelo "Espírito Todo-Poderoso", a fonte suprema de todo movimento, pensamento, sentimentos e escolhas no universo.

Em conjunto, corpo, alma, liberdade e fim da humanidade poderiam servir como uma analogia orgânica (em vez da analogia histórica de uma fortaleza ou de uma analogia matemática moderna) para a interação entre Escritura, tradição, razão e experiência. A analogia de um corpo é mais holística, interativa e interdependente. Ela evita a natureza estática de outras analogias de uma fortaleza ou de imagens geométricas (por exemplo, quadrados, trapézios, pirâmides, círculos concêntricos, etc.).

Lembre-se de que esta tentativa orgânica de descrever o quadrilátero wesleyano não pretende ser entendida como nada além de um exercício de teorização e aplicação da relação contextual entre Escritura, tradição, razão e experiência. Mas analogias orgânicas são mais dinâmicas (integrativas, interdependentes) do que analogias mais estáticas encontradas na história, na matemática ou em outras imagens do quadrilátero wesleyano, por exemplo, que podem ser encontradas na internet.

[9]Veja Romanos 12:4–5; 1 Coríntios 12:12–31; e Efésios 4:14–16.

[10]Outler comenta que Wesley concordava com Guilherme de St. Thierry que o amor é o caminho mais seguro

para a verdade e o objetivo mais elevado do pensamento. Veja o comentário introdutório de Outler a "Catholic Spirit" (1759, sermon 39), *Works* (Bicentennial ed.), 2:79.

[11]"Popery Calmly Considered," IV.10, *Works* (Jackson ed.), 10:155–56.

[12]Mildred Bangs Wynkoop, *A Theology of Love* (Kansas City: Beacon Hill, 1972), 19.

[13]Colin Williams, *John Wesley's Theology Today* (New York: Abingdon, 1960), 149.

[14]Preface, §2, "Sermons on Several Occasions," *Works* (Bicentennial ed.), 1:103–4.

[15]Veja "A Plain Account of the People Called Methodists," XIII–XIV, *Works* (Jackson ed.), 8:265–6.

[16]Veja "The Use of Money" (1760, sermon 50), *Works* (Bicentennial ed.), 2:263–80.

[17]Veja Outler, introductory comment, "The Danger of Riches" (1781, sermon 87), *Works* (Bicentennial ed.), 3:228.

[18]Vivian H. H. Green, *John Wesley* (London: Nelson, 1964), 158.

[19]Williams, *John Wesley's Theology Today*, 197n13.

CAPÍTULO 3
MÉTODO TEOLÓGICO DE WESLEY

O termo método deriva da palavra grega *methodos* (*meta*, "depois" e *hodos*, "estrada" ou "caminho"). Um método é um procedimento ou princípio usado em qualquer disciplina organizada ou na organização de uma. O estudo de métodos, ou metodologia (*methodos* mais *logos*, "o estudo de"), descreve como obtemos conhecimento sobre algo. Em filosofia, metodologia "é aplicada tanto ao processo ou arte da investigação quanto ao tratado ou corpo de conhecimento resultante da investigação".[1] Em teologia, metodologia se refere a "explorações das condições sob as quais as afirmações teológicas podem ser verdadeiras" e, em um sentido mais geral, "refere-se a uma série de decisões que todo teólogo cristão deve tomar no curso de fazer teologia".[2]

A maioria das pessoas segue certos passos regulares ou metódicos para pensar e articular suas crenças. No entanto, normalmente não pensamos sobre esses passos. Estamos mais provavelmente preocupados em encontrar soluções para problemas imediatos. Mas quando refletimos sobre como realmente chegamos a uma solução específica, estamos levantando a questão do método. J. J. Mueller diz: "O método, então, reflete sobre a reflexão".[3] Todos os cristãos — não apenas os teólogos treinados — refletem sobre suas crenças metodologicamente, embora cada um possa fazê-lo com graus variados de autoconsciência e precisão lógica. A tarefa do método teológico, ou metodologia, envolve tornar os passos explícitos, avaliá-los e formulá-los de uma forma que torne a crença cristã o mais razoável e convincente possível.

Para promover o reavivamento metodista, Wesley considerou essencial apresentar a mensagem cristã de salvação e vida santa exatamente dessa maneira. Isso envolvia métodos práticos e teológicos, embora Wesley escrevesse mais explicitamente sobre os primeiros do que sobre os segundos. O nome "metodista" não se refere ao método teológico, mas aos métodos práticos — organizar pequenos grupos e incentivar a autodisciplina espiritual — que Wesley e seus colegas usavam em relação à evangelização e à formação espiritual.[4]

Wesley afirmou ter apresentado suas principais doutrinas teológicas com consistência ao longo de sua vida e ministério. Essa afirmação pressupõe uma abordagem autoconsciente para a formulação da teologia. Embora Wesley possa não ter articulado plenamente seu método teológico, levantamos a questão do método e refletimos sobre como ele descobriu as respostas teológicas para os problemas imediatos que enfrentava. Primeiro, porém, precisamos compreender um pouco sobre o desenvolvimento histórico do método teológico e como esse processo forneceu a Wesley as fontes para o desenvolvimento de sua própria abordagem.

Uma Pesquisa de Metodologias Teológicas

Comecemos falando um pouco sobre o desenvolvimento histórico do método teológico e como esse processo forneceu a Wesley as ferramentas intelectuais para desenvolver sua própria abordagem. Traçar o desenvolvimento do método teológico cristão não é fácil, e qualquer tentativa de resumo corre o risco de simplificação excessiva ou deturpação de teólogos ou tradições teológicas individuais. No entanto, precisamos fazer tal tentativa para situar Wesley em um contexto histórico e cultural adequado e determinar suas fontes.

Nesta análise, daremos mais atenção aos desenvolvimentos mais próximos da época de Wesley do que ao pensamento antigo, e mais atenção às questões de autoridade religiosa do que às questões de interpretação bíblica. Princípios de interpretação são importantes para a compreensão de Wesley, mas aqui nos limitaremos à compreensão mais geral de como teólogos ou tradições teológicas viam a autoridade religiosa e a utilizavam para refletir e formular teologia.

Igreja Primitiva até a Idade Média

A igreja primitiva desenvolveu gradualmente posições teológicas em resposta aos desafios conceituais do paganismo, das heresias e de outras ameaças doutrinárias dentro da igreja. Os cristãos, individualmente, responderam a esses desafios por meio de escritos apologéticos. Os apologistas cristãos que encontraram maior aceitação na igreja primitiva afirmavam a autoridade tanto das Escrituras quanto da igreja (e seus líderes) para defender a fé.

Os primeiros concílios ecumênicos foram convocados para considerar questões sobre doutrinas de importância imediata para a estabilidade da Igreja. Mesmo assim, as tentativas de se tornar filosófica e teologicamente sistemáticas não surgiram de uma só vez. Gradualmente, após o estabelecimento do cânone bíblico, as Escrituras forneceram a base material para o estabelecimento da doutrina da Igreja, e a exegese patrística manteve-se sujeita às Escrituras. A Igreja, seus líderes e os concílios ecumênicos, no entanto, continuaram a servir como guardiões e intérpretes autorizados das Escrituras. O Concílio de Calcedônia, por exemplo, afirmou claramente "a fé infalível dos Padres" ao apresentar a fé católica e apostólica em credos e outros pronunciamentos conciliares.[5]

A combinação da autoridade bíblica e eclesiástica mostrou-se eficaz para atender às necessidades doutrinárias durante o primeiro milênio do cristianismo e permaneceu metodologicamente importante para a teologia mesmo após o Grande Cisma, ocorrido no século XI, entre cristãos orientais e ocidentais. Tanto a Igreja Ortodoxa quanto a Católica Romana afirmaram a abordagem teológica contida nos antigos credos cristãos.

A Reforma Protestante

A Reforma Protestante, especialmente liderada por Martinho Lutero, reagiu aos abusos de autoridade eclesiástica ocorridos na Igreja Católica Romana. Lutero aplicou um método teológico essencialmente coerente, baseado na *Sola Scriptura*, para neutralizar os abusos eclesiásticos. Ele declarou:

> Nisto sigo o exemplo de Santo Agostinho, que foi, entre outras coisas, o primeiro e quase o único que decidiu submeter-se somente às Sagradas Escrituras e ser independente dos livros de todos os padres e santos.[6]

A Escritura era vista como a única regra de fé e prática suficiente e divinamente inspirada. A tradição da Igreja não era mais vista como uma autoridade confiável, mas sim como algo que, na verdade, minava a revelação especial das Escrituras.

João Calvino sustentou o fundamento teológico da *Sola Scriptura* construindo um sistema de teologia baseado na glória transcendente e na soberania de Deus. Nesse sentido, Calvino diferia de Lutero, que não tentava apresentar as crenças cristãs como um todo conceitualmente racional e sistemático. Calvino também não via a Reforma em total oposição aos "antigos escritores de uma era superior da igreja",[7] mas ainda assim enfatizava a autoridade única das Escrituras. Apesar da desconfiança dos reformadores em relação à Igreja Católica Romana e ao uso da razão pelos escolásticos católicos, a teologia protestante preservou muitos princípios de construção teológica do período escolástico católico.

A Reforma Inglesa

A Reforma Protestante na Inglaterra adotou uma abordagem teológica distintamente diferente da dos Reformadores Continentais ou da Igreja Católica Romana. A Igreja da Inglaterra enfrentou controvérsias religiosas ao tentar decidir quais tradições teológicas e autoridades religiosas deveriam prevalecer. Sob a liderança de Thomas Cranmer, John Jewel, Richard Hooker e outros, a Igreja Anglicana construiu intencionalmente uma via média teológica entre o Protestantismo e o Catolicismo. Apesar das semelhanças com os Reformadores Continentais, os primeiros teólogos anglicanos resistiram às tentativas calvinistas de impor uma abordagem excludente à autoridade das Escrituras, bem como uma política presbiteriana, à Igreja da Inglaterra.

Conduzindo esse caminho intermediário ao longo do século XVII, os anglicanos, em alguns casos, se viam como uma força ecumênica no mundo cristão, unindo abordagens teológicas díspares. O que os anglicanos percebiam como inadequado no método teológico do protestantismo continental era sua abordagem limitada ao princípio da *sola Scriptura*. Os anglicanos rejeitavam qualquer autoritarismo bíblico fomentado por uma hermenêutica excludente e literalista. Hooker ecoou a herança católica romana da tradição anglicana ao argumentar que o universo é ordenado por princípios racionais que podem ser discernidos pela razão sem o auxílio das Escrituras. Assim, Hooker concebeu a razão como algo que proporciona um grau de liberdade e autoridade no conhecimento da verdade, o que os anglicanos reconheciam como sendo religiosamente autoritativo.

Assim, evoluiu no anglicanismo uma abordagem metodológica à teologia que se baseava nas melhores fontes da doutrina cristã, incluindo as tradições católica romana e protestante. Essa abordagem integrativa afirmava a autoridade religiosa da razão, bem como das Escrituras e do melhor da tradição da Igreja na decisão de questões teológicas.

O Espírito do Anglicanismo

A tentativa anglicana de conceber uma via média entre as abordagens históricas da teologia cristã motivou os teólogos a se concentrarem no tema do método teológico. Eles desejavam se libertar das restrições doutrinárias de outras tradições cristãs e da desorganização teológica e eclesiástica que às vezes surgia dentro da Igreja da Inglaterra. Devido à crescente preocupação em articular a complexidade da reflexão teológica e da formulação doutrinária, os anglicanos produziram uma grande quantidade de trabalhos que tratam do método teológico. Como resultado, Robert McAdoo vê o método teológico como a característica mais distintiva da teologia anglicana do século XVII. Ele descreve essa metodologia como "o espírito do anglicanismo, incluindo a centralidade das Escrituras e a visibilidade e continuidade da Igreja, ambas confirmadas pela antiguidade e iluminadas pela liberdade da razão e pela liberalidade do ponto de vista".[8]

A rejeição dos anglicanos às teologias sistemáticas não reflete uma incapacidade intelectual para tal, nem um método teológico pouco desenvolvido. Pelo contrário, sua abordagem metodológica implicava uma desconfiança em relação aos sistemas teológicos. McAdoo sugere várias causas para isso, entre elas a crescente importância da razão. Embora a autoridade da razão na religião variasse entre os cristãos, dependendo do teólogo individual, o crescente respeito pela razão "produziu uma reação consistente contra a identificação da fé com a certeza e uma reação igualmente consistente contra sistemas e silogismos".[9]

Paul More sugere que o método teológico anglicano excluía qualquer finalidade no conteúdo sistemático. Ele afirma: "O que devemos buscar na literatura eclesiástica da Inglaterra não é tanto a finalidade, mas sim a direção".[10] A interpretação e a aplicação teológicas certamente parecem mais cruciais para a teologia anglicana do que formulações sistemáticas. Os princípios metodológicos norteadores podem ser creditados por permitirem à Igreja da Inglaterra seguir o caminho do meio que almejava, evitando interpretações bíblicas limitadas e refletindo a essência da ortodoxia clássica.

O Papel da Experiência

Embora a experiência não tenha desempenhado um papel explícito na metodologia anglicana inicial como posteriormente na de Wesley, ela deve ser mencionada ao contextualizar o quadrilátero wesleyano. Apesar da ausência de qualquer declaração formal, a presença da experiência na reflexão e formulação teológica foi tacitamente assumida em grande parte daquilo que foi escrito durante os séculos XVI e XVII.

Tal apelo à experiência não foi contestado pelos teólogos anglicanos subsequentes, pois eles também presumiam que a experiência deveria confirmar e elaborar verdades cristãs estabelecidas pelos padrões geralmente aceitos das Escrituras, da tradição e da razão. A razão era formalmente a novata no método teológico anglicano, mas informalmente a experiência desempenhava um importante papel de apoio. No século anterior a Wesley, mesmo o papel de apoio da experiência era pouco mencionado pelos teólogos; apelos à experiência parecem mais prevalentes na teologia prática da literatura devocional e sermônica.

O surgimento da filosofia experimental no final do século XVII trouxe um interesse pelos dados sensoriais, mas não necessariamente pelo tipo de experiência mais pessoal e distintamente religiosa. John Locke empreendeu uma análise introspectiva da compreensão humana para acompanhar a análise externa da natureza nas ciências físicas. Mas a maioria dos anglicanos, incluindo Locke, que abraçava a razão como fonte de autoridade religiosa, tornou-se desconfiada da experiência religiosa individual. "Entusiasmo" era uma acusação frequentemente dirigida contra aqueles percebidos como tendo uma inspiração privada ou exibindo extravagância na devoção religiosa. Locke dedicou um capítulo inteiro a uma definição de entusiasmo, e essa definição eventualmente se tornou normativa para o uso no século XVIII.[11] Wesley foi frequentemente acusado de ser um entusiasta, mas rejeitou vigorosamente esse rótulo, em grande parte com base no fato de que sua avaliação das crenças cristãs era consonante com as Escrituras, juntamente com a razão e o melhor da antiguidade cristã.

Síntese Anglicana

Desde a época de Hooker, os anglicanos buscavam incorporar a razão a uma compreensão equilibrada do método teológico que respeitasse devidamente a autoridade religiosa das Escrituras e da tradição. Nas palavras de Francis Paget: "Pois na lealdade igual aos direitos inconflitantes da razão, das Escrituras e da tradição residem a força e a esperança distintivas da Igreja Inglesa."[12]

Em meio a correntes conflitantes de pensamento teológico, o anglicanismo, em sua maior parte, reconheceu a necessidade de respeitar todos os três componentes. A autoridade bíblica permaneceu central, mas um novo senso de liberdade emergiu na compreensão dos anglicanos sobre as crenças doutrinárias. A razão trouxe consigo a liberdade de renovar o estudo da teologia natural, geralmente dentro dos limites das crenças cristãs ortodoxas, de uma forma que o protestantismo continental havia desencorajado. No entanto, os anglicanos também não queriam recair em uma forma revisada do catolicismo romano, que enfatizava excessivamente a teologia natural. Eles se orgulhavam de apresentar uma alternativa teológica ou por meio da mídia.

Essa síntese abrangia não apenas a primazia da autoridade escriturística e o papel necessário da razão no método teológico, mas também a necessidade contínua de manter uma compreensão histórica e ortodoxa das crenças cristãs. Referências à antiguidade cristã não deveriam ser arbitrariamente evocadas para sufocar uma compreensão razoável das Escrituras, mas sim usadas para identificar os motivos centrais das Escrituras e, assim, afirmar a catolicidade dessas crenças. As formulações consensuais de credos da igreja primitiva deveriam ser compreendidas, valorizadas e seguidas o mais fielmente possível; os elementos não essenciais nas crenças cristãs, tanto antigas quanto contemporâneas, deveriam ser identificados e tolerados, mas não exigidos para a ortodoxia. Era preciso considerar a antiguidade tanto quanto os novos conhecimentos derivados dos crescentes estudos científicos da natureza e das filosofias da experimentação.

Se a razão era livre para complementar os estudos das Escrituras e da tradição, então também era livre para incorporar novos conhecimentos que pudessem confirmar e iluminar as crenças cristãs de disciplinas intelectuais e científicas diferentes da teologia. Existia uma tensão entre a razão e as outras fontes de autoridade religiosa, a saber, as Escrituras e a tradição. Mas, como sugere McAdoo, era uma tensão saudável e viva que não aceitava nem o autoritarismo nem a liberdade desenfreada. Ele diz:

> Uma característica geral do método teológico anglicano é, então, essa polaridade ou tensão da qualidade de vida, que contribui muito para explicar como o elemento da razão não se tornou predominantemente sobreponderado durante o século XVII, uma vez que nunca existiu no vácuo, teologicamente falando, mas operou em conjunto com outros elementos, como o apelo às Escrituras e à antiguidade.[13]

A experiência edificante de Wesley

Wesley surgiu em uma época em que as questões do método teológico e da autoridade religiosa eram temas proeminentes de debate na Inglaterra. Apesar das inevitáveis diferenças nas ênfases teológicas, os anglicanos, em geral, afirmavam sua metodologia tríplice distintiva: Escritura, tradição e razão. O ambiente e a educação anglicana de Wesley proporcionaram um terreno fértil para a reflexão e o avanço teológicos.

Em meio a esses debates, Wesley buscou elevar uma compreensão vital da fé cristã, particularmente dentro da Igreja da Inglaterra. Ele havia experimentado um reavivamento espiritual em sua própria vida; empenhou-se em proporcionar a mesma oportunidade de reavivamento a outros. Maximin Piette observa que Wesley havia sido profundamente afetado por uma espécie de experimentação pessoal em crescimento espiritual e autodisciplina.[14] Talvez os insights resultantes de sua experiência fossem benéficos para outros.

Piette enfatiza o uso que Wesley faz da experiência prática e da experimentação em relação à espiritualidade pessoal. Wesley entendia sua tarefa em termos mais práticos de evangelismo e renovação da igreja. Mas experiência e experimentação, em sentido amplo, também podem ser encontradas em seu conhecimento prático do método teológico. O anglicanismo já fornecia uma maneira estabelecida de abordar questões teológicas e práticas, e Wesley simplesmente trabalhou dentro e contribuiu para o fluxo desse pensamento. Ele não se considerava formulador de algo distintamente novo, e certamente não inovador, na história do pensamento cristão ortodoxo. No entanto, trabalhando dentro dos parâmetros do método teológico que herdou do anglicanismo, Wesley não apenas assumiu, mas de maneiras importantes superou, essa distinta herança.

Questões para Discussão

Você tem um método teológico? Você tem conhecimento de ter um? Como você toma decisões sobre o que acredita, valoriza e pratica como cristão?

Por que é importante que as pessoas estejam cientes de como tomam decisões teológicas? Qual é o método usado para tomar decisões no dia a dia? Com que frequência você inclui explicitamente as Escrituras nessas decisões?

Como a compreensão dos cristãos sobre a autoridade religiosa evoluiu ao longo dos séculos? Como diferentes entendimentos impactaram suas crenças, valores e práticas?

Por que os reformadores protestantes, principalmente Lutero, apelaram à *Sola Scriptura* ? Como você entende *a Sola Scriptura* hoje?

Por que os anglicanos criaram uma via média entre os ensinamentos do catolicismo romano e os reformadores continentais? A ênfase anglicana nas Escrituras, na tradição e na razão como autoridades religiosas melhorou sua compreensão do cristianismo?

Por que Wesley falou sobre experiência como autoridade religiosa? O quanto a sua experiência — o seu contexto — afeta suas crenças, valores e práticas?

Notas

[1] R. McKeon, "Methodology (Philosophy)," *New Catholic Encyclopedia*, 16 vols. (New York: McGraw-Hill, 1967), 9:744.

[2] "Method, Theological," *A New Dictionary of Christian Theology*, ed. Alan Richardson and John Bowden (London: SCM Press; 1983), 363.

[3] J. J. Mueller, *What Are They Saying About Theological Method?* (New York: Paulist Press, 1984), 1.

[4] O nome "Metodista" foi originalmente dado em tom de zombaria a Wesley e seus colegas durante seus anos de faculdade em Oxford. Veja "A Short History of Methodism," §5, *Works* (Jackson ed.), 8:348.

[5] Ver "The Definition of Faith of the Council of Chalcedon," *A Select Library of Nicene and Post-Nicene Fathers of the Christian Church*, trans. and ed. Philip Schaff and Henry Wace, 14 vols. (Reprint; Grand Rapids: Eerdmans, 1979), 14:262.

[6] Martin Luther, "Preface to the Wittenberg Edition of Luther's German Writings, Dr. Martin Luther's Preface," trans. Robert R. Heitner, *Selected Writings of Martin Luther*, 1517-1520, ed. Theodore G. Tappert, 4 vols. (Philadelphia: Fortress, 1967), 1:9.

[7] John Calvin, "Prefatory Address to King Francis," *Institutes of the Christian Religion*, trans. Ford Lewis Battles, ed. John T. McNeill, 2 vols. (Philadelphia: Westminster, 1960), 1:18.

[8] Henry R. McAdoo, *The Spirit of Anglicanism: A Survey of Anglican Theological Method in the Seventeenth Century* (New York: Scribner's, 1965), 357 (grifo meu). Os anglicanos mencionados por McAdoo não esgotam a lista de teólogos que recorreram às Escrituras, à tradição e à razão na metodologia teológica. Lancelot Andrewes, George Bull,

Francis Atterbury e outros refletem abordagens semelhantes ao método teológico.

[9]McAdoo, *Spirit of Anglicanism*, 310.

[10]Paul E. More, introductory essay, *Anglicanism*, eds. Paul E. More and Frank L. Cross (Milwaukie: Morehouse-Gorham, 1935), xx.

[11]Ver "Of Enthusiasm" in John Locke, *An Essay Concerning Human Understanding*, 2 vols. (1690; New York: Dover, 1959), 2:428-41, esp. 432. Cf. a definição de "Enthusiasm" de Samuel Johnson, que ele creditou a Locke, em *A Dictionary of the English Language* (1755; reimpressão, New York: Arno, 1979).

[12]Francis Paget, *An Introduction to the Fifth Book of Hooker's Treatise of the Laws Ecclesiastical Polity* (Oxford: Clarendon, 1907), 284. Cf. Charles Gore, *Roman Catholic Claims*, 4th ed. (London: Longman's, Green, 1892), 6.

[13]McAdoo, *Spirit of Anglicanism*, 313.

[14]Maximin Piette, *John Wesley in the Evolution of Protestantism*, trans. J. B. Howard (New York: Sheed and Ward, 1937), 436.

CAPÍTULO 4
"A VERDADEIRA RELIGIÃO BÍBLICA E EXPERIMENTAL"

Wesley viveu durante a crescente revolução científica e respeitou e apreciou suas conquistas. Essa revolução refletiu a ciência de Francis Bacon e Isaac Newton, a filosofia de John Locke e a tradição da lógica indutiva e dedutiva que remonta a Aristóteles. Os escritos de Wesley sobre Filosofia Natural atestam sua admiração pelos avanços da ciência. Ele não temia o que a ciência tinha a oferecer à autocompreensão religiosa. Embora sua época não estivesse entre os períodos mais antirreligiosos da investigação científica, nem todas as ideias científicas simpatizavam com os ensinamentos cristãos. No entanto, Wesley acreditava que pessoas racionais conseguiam distinguir entre o que é e o que não é útil na ciência e no método científico.

Wesley elogiou as obras de homens como Bacon e Newton por seu "renascimento do conhecimento" na realização de tantos experimentos benéficos "que, tendo observado com precisão a estrutura e as propriedades de cada corpo, pudessem julgar com mais segurança sua natureza".[1] Esse apelo à experimentação obteve ampla aceitação e aplicação em diversas disciplinas, incluindo a teologia. Sem dúvida, o método experimental da ciência ocorria implicitamente, senão explicitamente, na mente de Wesley quando ele descreveu seus Sermões em

41

Diversas Ocasiões como um esforço para apresentar "a religião verdadeira, escritural e experimental".[2] Pelo menos na estrutura geral desses sermões, ele via seu empreendimento ministerial e teológico análogo ao método experimental ou indutivo da revolução científica. Além disso, ele encorajou o mesmo em outros. Por exemplo, ao discutir as limitações da razão na produção da fé em O Caso da Razão Imparcialmente Considerada, Wesley não queria que outros aceitassem o que ele dizia sem experimentar por si mesmos. Ele disse: "Mas em um ponto de tão indizível importância, não dependa da palavra de outro; mas retire-se por um tempo do mundo agitado e faça você mesmo o experimento."[3]

Permitam-me ilustrar a presença do raciocínio indutivo de Wesley com talvez sua obra teológica mais madura e sistemática — uma monografia intitulada *A The Doctrine of Original Sin, according to Scripture, Reason, and Experience*. A monografia serve como um estudo de caso para investigar a metodologia indutiva utilizada por Wesley em estudos bíblicos e teológicos.

Estudo de caso: Doutrina do Pecado Original

John Wesley escreveu seu tratado sobre o pecado original em 1756, em resposta a outra obra escrita anteriormente por John Taylor, intitulada *A The Scripture-Doctrine of Original Sin*. Wesley considerou a obra muito erudita, superando suas próprias habilidades, especialmente em grego e hebraico. No entanto, Wesley não conseguia permanecer em silêncio diante de tantos ensinamentos que considerava falsos. Ele considerava a obra de Taylor nada mais do que "o velho deísmo em uma nova roupagem; visto que ele mina os próprios alicerces de toda religião revelada, seja judaica ou cristã".[4]

Wesley acreditava que o pecado de Adão tinha consequências além das temporais. As pessoas se tornavam espiritual e moralmente corruptas, e passíveis de punições eternas e temporais. Segundo Wesley, "o sistema cristão cai imediatamente" se eliminarmos a doutrina do pecado original e a ideia de que as pessoas existem "por natureza, tolas e pecadoras, 'aquém da imagem gloriosa de Deus'".[5]

Wesley se opôs aos argumentos inteligentes que Taylor utilizou para remover as crenças tradicionais sobre o pecado em geral e sobre o pecado original em particular. Para defender o que considerava parte da ortodoxia clássica, Wesley se propôs a apresentar uma posição teológica abrangente sobre o pecado. O resultado é o tratado mais sistemático que Wesley produziu — um tratado que revela muito sobre seu método teológico. O tratado não indica uma abordagem sistemática para todo o corpus de Wesley, mas revela que ele tinha um método de estudo autoconsciente ao empreender uma reflexão teológica séria. Outros escritos de Wesley podem não declarar seu método teológico de forma tão explícita, mas tal método moldou a abordagem geral que ele adotou ao lidar com as necessidades teológicas da igreja e do mundo.

Utilizarei as categorias de observação, interpretação, avaliação e aplicação, e correlação, para tentar compreender o funcionamento do raciocínio indutivo de Wesley. Essas categorias estão implícitas na estrutura de A Doutrina do Pecado Original e nos argumentos nela desenvolvidos.

Embora as Escrituras tenham permanecido como seu principal dado para investigação indutiva, juntamente com explicações e provas dedutivas, Wesley revela uma contextualidade mais ampla do que alguns observadores cristãos reconhecem ou apreciam. O tratado de Wesley revela uma compreensão sofisticada das múltiplas dimensões da reflexão teológica que permeou outros escritos de Wesley. No tratado sobre A Doutrina do Pecado Original, a Parte 1 aproxima-se do processo investigativo da observação; a Parte 2 é comparável à interpretação; a Parte 3, à avaliação e aplicação; e as Partes 4 a 7, à correlação.

Observação de Fatos Relevantes

Wesley iniciou seu estudo experimental da doutrina do pecado original com o primeiro passo lógico de qualquer processo indutivo: a observação. Semelhante à observação científica, Wesley compreendeu a necessidade de direcionar cuidadosa atenção analítica para fatos ou particularidades notáveis relacionados à existência do pecado. Assim, ele tentou se aprofundar em fatos relevantes para a ocorrência da corrupção universal – da imoralidade pessoal e das injustiças sociais – para que pudesse ter certeza sobre a natureza e a extensão de sua existência e a necessidade de algum tipo de explicação construtiva. Ele afirmou:

Antes de tentarmos explicar qualquer fato, devemos estar bem seguros do fato em si. Primeiro, portanto, vamos investigar qual é o verdadeiro estado da humanidade; e, em segundo lugar, tentar explicá-lo.[6]

Wesley abriu seu tratado com uma seção intitulada "O Estado Passado e Presente da Humanidade", na qual indagou: "Qual é o verdadeiro estado, em relação ao conhecimento e à virtude, em que a humanidade se encontra desde os tempos mais remotos? E em que estado se encontra hoje?"[7] Ele iniciou sua investigação teológica observando os fatos disponíveis nas Escrituras, tratando-as como uma fonte confiável de dados históricos.

Ele continuou observando fatos adicionais de perversidade na história, incluindo pesquisas encontradas em fontes históricas eclesiásticas e seculares. Por exemplo, ele não tinha escrúpulos em extrair fatos de autores clássicos como Catão, Cícero, Horácio, Juvenal, Ovídio e Sêneca. Wesley acreditava que todo "exame justo e imparcial" da história sagrada e secular revelava manifestamente a "corrupção universal" da humanidade.[8]

Em sua observação final, Wesley pediu às pessoas que refletissem sobre suas próprias experiências. Ele esperava que a maioria admitisse humildemente suas deficiências morais. No entanto, observou que muitas pessoas se sentem bastante satisfeitas consigo mesmas e não se consideram nem um pouco imorais ou corruptas. Em resposta, condenou os autoenganos orgulhosos, descrevendo tais pessoas como "os observadores mais descuidados e imprecisos, que não se preocupam com nada além do seu exterior".[9] Qualquer observação verdadeiramente experiencial da totalidade da natureza humana deve — novamente, em sã consciência e com bom senso — levá-las a admitir uma propensão a comportamentos perversos e corruptos.

Wesley acreditava que suas observações dos fatos do pecado forneciam um ponto de partida convincente para o desenvolvimento da doutrina do pecado original. Ele presumia a legitimidade do raciocínio indutivo nessas reflexões teológicas, mas essa suposição se baseava na autoridade suprema da revelação de Deus, conforme registrada nas Escrituras — revelação afirmada tanto pela razão quanto pela experiência.

Podemos criticar Wesley por não ter aplicado seu método experimental de forma tão completa quanto possível (em relação à pesquisa quantitativa e qualitativa moderna), ou por não ter reconhecido os limites contextuais da investigação indutiva. Mas isso não deve nos impedir de tentar compreender Wesley em seus termos e em seu contexto histórico, intelectual e teológico. Reconhecer sua situacionalidade pelo menos nos ajudará a saber que Wesley trabalhava com tanta autoconsciência metodológica e integridade quanto outros teólogos de sua época e lugar. Apesar das limitações que podemos reconhecer em seu pensamento, Wesley buscava uma abordagem experimentalmente orientada à teologia.

Interpretação dos fatos

Obviamente, nenhum método teológico é completo na mera observação e acumulação de fatos. Fatos precisam de interpretação, e Wesley acreditava que eles só poderiam ser verdadeiramente explicados à luz das Escrituras. Na Parte 2, "O Método Bíblico para Explicar Isso, Defendido", Wesley argumenta que somente a doutrina bíblica e ortodoxa do pecado original faz justiça aos fatos da miséria e da maldade universais observados no mundo. Ele conclui:

> E esta [doutrina] explica facilmente a maldade e a miséria da humanidade em todas as épocas e nações; por isso a experiência e a razão confirmam fortemente esta doutrina bíblica do pecado original.[10]

A argumentação de Wesley em favor da doutrina amplamente difundida do pecado original prosseguiu de acordo com as Escrituras, a razão e a experiência, conforme explicitamente declarado no título completo do tratado. Ele rebateu Taylor apelando às três autoridades religiosas, apontando a irracionalidade da interpretação de Taylor, baseada apenas na experiência e nas Escrituras. Se Taylor quisesse derrubar a doutrina do pecado original, teria que apresentar uma interpretação mais lógica e existencialmente convincente dos fatos da vida e das Escrituras. Mas foi exatamente nesse ponto que Wesley considerou que Taylor falhou, pois Taylor não havia tratado de forma abrangente todos os fatos relevantes.

Para começar, Wesley não acreditava que Taylor tivesse apresentado uma alternativa razoável para explicar a presença universal da miséria e da maldade no mundo. Taylor argumentava que a ignorância, reforçada pela má educação, havia propagado maus costumes entre as pessoas e que a doutrina tradicional do pecado original não fazia parte da comunicação da mensagem evangélica das Escrituras. No entanto, Wesley não acreditava que Taylor tivesse lidado adequadamente com os dados, bem como com as implicações lógicas de sua posição.

Wesley questionou repetidamente o uso inconsistente da lógica por Taylor na interpretação das

Escrituras, sua incapacidade de extrair as implicações das ideias até suas conclusões lógicas e seu engano virtual ao deturpar as Escrituras. Ele também acreditava que Taylor fazia uso incorreto de termos bíblicos, fazia com que as Escrituras "contradissessem categoricamente outras Escrituras" e usava "discurso persuasivo" para contornar as Escrituras.[11] Assim, ele encontrou provas para a inadequação da hipótese teológica de Taylor sobre o pecado em um estudo indutivo, especialmente das Escrituras. Wesley disse: "Até que esta [prova] seja apresentada, devo ainda crer, com a Igreja Cristã de todas as épocas, que todos os homens são 'filhos da ira por natureza', no sentido claro e próprio da palavra."[12]

Avaliação e Aplicação de Ideias Religiosas

Ao defender a doutrina ortodoxa do pecado original contra a interpretação alternativa oferecida por Taylor, Wesley já havia iniciado a etapa avaliativa no processo indutivo de estudo metódico dos fatos. Mas ele continuou o processo avaliativo de forma mais explícita na Parte 3, "Uma Resposta ao Suplemento do Dr. Taylor". Aqui, Wesley avaliou a relevância e a utilidade do suplemento que Taylor adicionou à primeira edição de seu livro em resposta às críticas de D. Jennings e Isaac Watts.

Wesley não considerou que Taylor tivesse respondido satisfatoriamente às críticas de Jennings e Watts. De fato, na Parte 4 do tratado, Wesley anexou um longo trecho do livro de Watts sobre o pecado original.[13] Ele fez isso para afirmar a solidez da posição de Watts sobre a doutrina e a pertinência de sua crítica à obra de Taylor.

Wesley criticou Taylor por não considerar tudo o que é dito sobre o pecado nas Escrituras. Ele também argumentou que Taylor não poderia, posteriormente, explicar as aflições das crianças — presumivelmente inocentes de culpa, segundo Taylor — e da mortalidade. Wesley abordou essa linha de argumentação como já havia feito em épocas anteriores. Ele argumentou com base na evidência das Escrituras e, em seguida, com base na evidência do "estado do mundo, como prova do desagrado de Deus e da corrupção natural do homem".[14]

Correlação em Teologia

O processo de correlação deve permear um empreendimento teológico. É necessário estabelecer continuamente relações mútuas ou de conexão entre materiais e ideias apropriados ao assunto em questão. Wesley se preocupava em desenvolver uma teologia bíblica vital que refletisse e estimulasse a experiência da fé cristã na vida e na prática. Ele não limitou seus estudos exclusivamente às Escrituras, mas refletiu sobre fatos descobertos à parte delas. Somente recorrendo às três autoridades religiosas em seu devido relacionamento e como um único instrumento metodológico, Wesley acreditava que um tratamento verdadeiramente integrado e vital do assunto poderia ser alcançado.

Wesley não considerava uma necessidade pastoral ou teológica formular "um esquema uniforme e conectado da grande doutrina", pois tais esforços já haviam sido realizados com competência por outros.[15] Portanto, ele anexou à sua defesa da doutrina do pecado original trechos das obras de Watts, Samuel

Hebden e Thomas Boston. Ao citar esses trechos, Wesley não estava se esquivando de suas responsabilidades como teólogo. Em vez disso, ele estava humildemente reconhecendo trabalhos existentes que atendiam à necessidade prática de fornecer tratamentos mais extensos da doutrina do pecado original em apoio à sua crítica a Taylor.

Embora Wesley não tenha apresentado um tratamento acadêmico prolongado da doutrina, seu tratado sobre A Doutrina do Pecado Original reflete todos os traços metodológicos mencionados anteriormente como característicos de seus escritos teológicos. Wesley era escriturístico, ortodoxo/ tradicional, analítico/crítico e experimental/prático em sua investigação de fatos e ideias pertinentes à doutrina do pecado.

Aplicação Soteriológica

Wesley acreditava ser completamente indutivo em seu pensamento teológico, embora pareça impossível que alguém possa realmente observar e interpretar todos os fatos concebíveis relacionados à religião. Por essa razão, a abordagem indutiva de Wesley à doutrina do pecado original, por exemplo, pode ser mais apropriadamente chamada de indução prática — ou, usando um termo filosófico técnico, ampliativa.[16] Ou seja, Wesley raciocinou a partir de um número limitado de casos observados, principalmente relacionados à situação pecaminosa da humanidade, à necessidade de salvação e a uma vida santa concomitante.

É irrealista pensar que Wesley pudesse ter adotado uma abordagem completamente indutiva. Ele empreendeu um exame mais modesto, porém praticamente completo, de casos selecionados de pecado. Partindo de um número limitado de casos observados de pecado e chegando a uma relação causal geral entre esses pecados e o pecado original, Wesley argumentou que a doutrina tradicional do pecado original fornece uma explicação razoável e suficiente para os fatos do pecado, da dor e do sofrimento no mundo. Ele demonstrou a significativa relação bíblica entre a realidade do pecado e a necessidade de salvação.

Embora não esperasse encontrar nas Escrituras todos os fatos da teologia, Wesley esperava encontrar uma fonte suficiente da autorrevelação de Deus, por meio da qual Ele escolheu falar à humanidade, especialmente sobre a salvação. Como o que Deus nos fala por meio das Escrituras é razoável — como toda religião verdadeira —, deve ser interpretado adequadamente por meio de habilidades racionais e recursos experienciais, também disponibilizados a nós pela graciosa provisão de Deus. Wesley podia permitir que mais do que apenas as Escrituras fornecessem dados para as nossas conclusões teológicas. As Escrituras permaneciam como a principal autoridade religiosa, e Wesley não esperava que a tradição, a razão ou a experiência a contradissessem. Mas ele permitiu que mais do que as Escrituras informassem o pensamento de alguém, e assim forneceu uma compreensão mais realista e contextual de como as pessoas correlacionam a teologia. Consequentemente, Wesley forneceu um método teológico que nos auxilia a desenvolver uma teologia mais holística e integrativa, aplicável a todas as crenças, valores e práticas bíblicas.

Perguntas para discussão

O que Wesley quis dizer com "a religião verdadeira, bíblica e experimental"?

Você sabe a diferença entre indução e dedução? Se a indução investiga dados relevantes sobre um assunto, e a dedução explica (ou se esforça para provar) os resultados da investigação, então por que é importante que a indução (investigação) preceda a dedução (explicação, prova)?

Como ocorre a experimentação indutiva na ciência? Como é útil (ou inútil) pensar sobre o método teológico de forma análoga à experimentação científica?

Enquanto Wesley investigava questões teológicas, por que é importante que os cristãos considerem as Escrituras como a principal autoridade religiosa em questões de suas crenças, valores e práticas?

Ao refletir sobre o cristianismo, por que é útil recorrer a algo além das Escrituras na tomada de decisões teológicas? O que se pode aprender com a história da Igreja? O que se pode aprender com o pensamento crítico? O que se pode aprender com experiências relevantes?

A discussão de Wesley sobre a doutrina cristã histórica dos originais foi útil para a compreensão de como ele tomou decisões teológicas, com base nas Escrituras, na tradição, na razão e na experiência? De que maneiras não foi um estudo de caso útil?

Notas

[1]"Of the Gradual Improvement of Natural Philosophy," introduction to the five volume Natural Philosophy, found in the *Works* (Jackson ed.), 13:483.

[2]Ver Preface, §6, "Sermons on Several Occasions," *Works* (Bicentennial ed.), 1:106.

[3]"The Case of Reason Impartially Considered" (1781, sermon 70), II.3, *Works* (Bicentennial ed.), 2:594–95.

[4]Preface, §4, "Doctrine of Original Sin," *Works* (Jackson ed.), 9:193–94.

[5]Preface, §4, "Doctrine of Original Sin," *Works* (Jackson ed.), 9:194.

[6]Introduction, "Doctrine of Original Sin," pt. 1, *Works* (Jackson ed.), 9:196.

[7]"Doctrine of Original Sin," pt. 1, I, *Works* (Jackson ed.), 9:196.

[8]"Doctrine of Original Sin," pt. 1, I.14, *Works* (Jackson ed.), 9:235.

[9]"Doctrine of Original Sin," pt. 1, II.13, *Works* (Jackson ed.), 9:234.

[10]"Doctrine of Original Sin," pt. 2, [II.]10, *Works* (Jackson ed.), 9:273 (ênfase minha).

[11]Ver "Doctrine of Original Sin," pt. 2, I.14, *Works* (Jackson ed.), 9:253, and pt. 3, VII, *Works* (Jackson ed.), 9:336.

[12]"Doctrine of Original Sin," pt. 2, [II.]6, *Works* (Jackson ed.), 9:269.

[13]Veja o extrato de Wesley de *The Ruin and Recovery of Mankind,* de Isaac Watts, em "Doctrine of Original Sin," pt. 4, *Works* (Jackson ed.), 9:353–97.

[14]Veja "Doctrine of Original Sin," pt. 3, III, *Works* (Jackson ed.), 9:325; cf. 9:320.

[15]Introduction, "Doctrine of Original Sin," pt. 4, *Works* (Jackson ed.), 9:353.

[16] O uso que Wesley faz de um número limitado de instâncias observadas de pecado pode ser melhor descrito como indução ampliativa, que é definida da seguinte forma: "Raciocínio a partir de um número limitado de instâncias observadas para uma relação causal geral"; veja Peter A. Angeles, *A Dictionary of Philosophy* (New York: Harper & Row, 1981), 132.

CAPÍTULO 5
ESCRITURA, PARTE 1:
PRIMACIA DAS ESCRITURAS

Para Wesley, as Escrituras eram uma autoridade religiosa diferente e superior a qualquer outra. Sua teologia germinou da autorrevelação de Deus, especificamente como encontrada nas Escrituras. Toda teologia e todas as experiências "devem ser testadas por uma regra adicional, a fim de serem submetidas ao único teste verdadeiro — a Lei e o Testemunho".[1] Em uma carta a James Hervey, Wesley escreveu: "Não permito nenhuma outra regra, seja de fé ou prática, além das Sagradas Escrituras".[2] Preocupado com a fé contínua dos metodistas, ele escreveu:

> O que eu desejo todas as noites é que todos vocês se mantenham próximos da Bíblia. Não sejam sábios além do que está escrito. Não ordenem nada que a Bíblia não ordene claramente. Não proíbam nada que ela não proíba claramente.[3]

Embora Wesley estivesse disposto a aprender com outras pessoas e até mesmo com outras tradições religiosas, eles precisavam corroborar seu valor "por meio de provas claras das Escrituras".[4] As Escrituras, como os "oráculos de Deus", não apenas serviam como o "fundamento da religião verdadeira",[5] mas também funcionavam como uma espécie de salvaguarda epistemológica para os limites da religião verdadeira e experimental.

Wesley concordava com a ênfase mais ampla da Reforma e da Igreja Anglicana na primazia da autoridade das Escrituras. Mais especificamente, ele considerava a Igreja Anglicana "mais próxima do plano das Escrituras do que qualquer outra" igreja, seja na Inglaterra ou na Europa, o que é em grande parte a razão pela qual ele nunca quis se separar da Igreja da Inglaterra.[6] As Escrituras serviam como a única fonte suficiente, comumente disponível às pessoas, para investigar a natureza de Deus e da vida. Como as Escrituras se aplicam tanto à teologia quanto à vida como um todo, Wesley considerava a tradição, a razão e a experiência autoridades viáveis para ajudar a compreender e comunicar as verdades das Escrituras.

Além de seu respeito teológico pelas Escrituras, Wesley atribuiu a elas um papel íntimo em sua vida pessoal. Wesley não se limitava a ler as Escrituras; ele ouvia Deus falando pessoalmente com ele em suas páginas. As Escrituras representavam as palavras vivas de Deus:

> O fundamento da verdadeira religião repousa sobre os oráculos de Deus. Ela é construída sobre os profetas e apóstolos, sendo o próprio Jesus Cristo a principal pedra angular. De que excelente utilidade nos seria a razão se quiséssemos compreender a nós mesmos ou explicar aos outros esses oráculos vivos?[7]

Wesley acreditava que podemos nos colocar em tal relacionamento com as Escrituras que Deus nos falará por meio delas. Assim, ele se entusiasmou ao falar das Escrituras: "Ó, dá-me esse livro! A qualquer preço, dá-me o livro de Deus!"[8] Era existencialmente importante para Wesley ter as Escrituras e mantê-las como a regra principal de sua vida. Ler e, em seguida, ouvir espiritualmente as Escrituras funcionava da mesma forma que ouvir a Deus em oração. Deus não apenas inspirou a escrita das Escrituras, mas continua a iluminar aqueles que as leem. O mero estudo das Escrituras, é claro, não produz a iluminação ou o discernimento necessários para se tornar um cristão. Para entrar em um relacionamento salvador com Jesus Cristo, é preciso ser auxiliado pela obra interior do Espírito Santo.

Comentando sobre a inspiração das Escrituras nas Notas sobre o Novo Testamento, Wesley falou da necessidade contínua de iluminação, até mesmo inspiração, do Espírito Santo. O Espírito serve como guia para aqueles que abordam a leitura das Escrituras no contexto da oração. Wesley disse:

> Toda a Escritura é inspirada por Deus — O Espírito de Deus não apenas inspirou aqueles que a escreveram, mas inspira continuamente, auxilia sobrenaturalmente, aqueles que a leem com oração fervorosa. Por isso, ela é tão proveitosa para a doutrina, para a instrução dos ignorantes, para a repreensão ou convicção dos que estão em erro ou pecado, para a correção ou emenda de tudo o que está errado e para instruir ou treinar os filhos de Deus em toda a justiça.[9]

Alguns teólogos podem se referir a essa compreensão teológica como uma teoria da dupla inspiração, quando a inspiração divina ocorre tanto no autor quanto no leitor das Escrituras. Wesley não propôs tal doutrina, mas acreditava firmemente na iluminação recorrente do Espírito Santo disponível para aqueles que buscam assistência divina ao ouvir a Deus.

Embora precisemos da presença contínua do Espírito Santo para nos guiar, as Escrituras continuam sendo uma fonte confiável da autorrevelação de Deus. As Escrituras não suplantam o Espírito Santo, mas Deus escolheu torná-las um recurso suficiente para questões de fé e prática religiosa. Assim, Wesley considerava que as Escrituras servem tanto para governar nossas vidas quanto o Espírito de Deus serve para guiá-las. Ele disse:

> Pois, embora o Espírito seja o nosso principal líder, Ele não é, de forma alguma, a nossa regra; as Escrituras são a regra pela qual Ele nos conduz a toda a verdade. Portanto, falem apenas em bom inglês, chamem o Espírito de nosso "guia", que significa um ser inteligente, e as Escrituras de nossa "regra", que significa algo usado por um ser inteligente, e tudo ficará claro e simples.[10]

A Escritura e o Espírito Santo se complementam. Eles servem inter-relacionados na comunicação do que Wesley gostava de descrever como religião do coração, isto é, uma religião na qual o conhecimento e a piedade vital se unem perfeitamente à vida do crente.

Inspiração das Escrituras

A crença nas Escrituras flui da crença em Deus, e não o contrário. Wesley não assumiu a inspiração das Escrituras sem primeiro se comprometer, pelo menos provisoriamente, com a crença em Deus. No entanto, o crescimento das crenças teístas para Wesley ocorreu por meio da leitura das Escrituras e da descoberta de sua confiabilidade como fonte de revelação divina sobre Deus e a salvação por meio de Jesus Cristo. Uma espécie de interação dialética ocorre entre a leitura das

Escrituras, a comprovação da experiência e a compreensão racionalmente concebida que resulta do comprometimento com as Escrituras como autorrevelação de Deus. O processo dialético compreende uma compreensão ativa das coisas conhecidas, por meio da qual uma pessoa adquire conhecimento objetivo sobre Deus e a salvação, que pode parecer oculto para aqueles que não estão dispostos a se comprometer com Deus.

Wesley comprometeu-se, pelo menos por volta de 1730 — oito anos antes de sua famosa experiência em Aldersgate — a fazer das Escrituras a principal fonte de autoridade para sua vida. Wesley acreditava que "toda a Escritura é dada pela inspiração de Deus" — uma afirmação encontrada tanto nas Escrituras quanto em formulários anglicanos.[11] Essa afirmação representava um compromisso de fé que Wesley utilizou para distinguir a si mesmo e ao movimento metodista de "judeus, turcos e infiéis".[12] Ele também acreditava que "a palavra escrita de Deus é a única e suficiente regra tanto da fé quanto da prática cristã; e nisto nos distinguimos fundamentalmente daqueles da Igreja Romana".[13]

A confirmação da crença de Wesley nas Escrituras veio, pelo menos em parte, de sua experiência pessoal de sua verdade para a salvação e do testemunho contínuo do Espírito Santo. Ele esperava plenamente que o Espírito Santo de Deus testemunhasse a inspiração das Escrituras para que cada um experimentasse um senso pessoal de certeza de sua veracidade. Mas, além da confirmação divina que experimentamos, Wesley apelou para vários outros argumentos que, em sua opinião, induziriam ainda mais as pessoas a crer na inspiração das Escrituras. Em "Uma Demonstração Clara e Concisa da Inspiração Divina das Escrituras Sagradas", Wesley utilizou argumentos empíricos e racionais. Primeiro, ele argumentou que os fatos empíricos que cercam as Escrituras nos compelem a crer em sua inspiração. Wesley disse:

> Há quatro argumentos grandiosos e poderosos que nos induzem fortemente a crer que a Bíblia deve ser de Deus: milagres, profecias, a bondade da doutrina e o caráter moral dos escritores. Todos os milagres decorrem do poder divino; todas as profecias, da compreensão divina; a bondade da doutrina, da bondade divina; e o caráter moral dos escritores, da santidade divina.[14]

Os quatro argumentos — poder divino, entendimento, bondade e santidade, que Wesley chamou de "os quatro grandes pilares" — pressupõem uma concepção já existente de Deus, e Wesley reconheceu essa suposição lógica. No entanto, os argumentos serviram para fundamentar uma crença fundamental em Deus e características sobre Ele que tornam a crença na inspiração das Escrituras tão plausível quanto possível. Somente depois de encontrarmos o Deus vivo pela fé, segundo Wesley, podemos compreender as verdades essenciais do cristianismo. Em certo sentido, esses argumentos forneceram um caminho pelo qual uma mente crente pode formar e comunicar uma compreensão razoável da inspiração.

Um segundo argumento utilizado por Wesley compreendia um problema lógico sobre a fonte necessária de inspiração. Aqui, ele apresentou três proposições para possíveis motivações na escrita das

Escrituras e como faz sentido lógico acreditar que Deus as inspirou. Wesley disse:

> Peço licença para propor um argumento curto, claro e forte para provar a inspiração divina das Sagradas Escrituras.
>
> A Bíblia deve ser uma invenção de homens bons ou anjos, de homens maus ou demônios, ou de Deus.
>
> Não poderia ser invenção de homens bons ou anjos; pois eles não queriam nem podiam fazer um livro e contavam mentiras durante todo o tempo em que o escreviam, dizendo: "Assim diz o Senhor", quando era invenção deles.
>
> Não poderia ser invenção de homens maus ou demônios; pois eles não fariam um livro que ordenasse todos os deveres, proibisse todos os pecados e condenasse suas almas ao inferno por toda a eternidade.
>
> Portanto, chego à conclusão de que a Bíblia deve ter sido dada por inspiração divina.[15]

Embora Wesley tenha vivido antes da época das questões histórico-críticas sobre as Escrituras, ele demonstrou sofisticação quanto aos limites da linguagem e da razão. Não devemos, mesmo em teoria, relegar sua compreensão a um literalismo estático e mecânico. Ele acreditava na inspiração das Escrituras porque ela se mostrava suficiente para a salvação e para o crescimento na vida cristã. As Escrituras tornaram-se funcionalmente autoritativas para Wesley antes mesmo de ele formular sua doutrina das Escrituras. De fato, de sua perspectiva, todas as formulações conceituais retêm uma qualidade hipotética ou provisória que atenua uma visão meramente estática ou mecânica da inspiração e autoridade das Escrituras.

Na medida em que afirmava a Escritura como a autoridade primária da religião cristã, Wesley concordava com a visão protestante clássica da autoridade bíblica. Em seu sermão, "Sobre a Fé, Hb 11:6", ele se alinhou explicitamente à posição protestante sobre a Escritura. Wesley disse:

> A fé dos protestantes, em geral, abraça apenas aquelas verdades necessárias à salvação, que são claramente reveladas nos oráculos de Deus... Eles não acreditam nem mais nem menos do que o que está manifestamente contido e pode ser provado pelas Sagradas Escrituras... A palavra escrita é a única e inteira regra de sua fé, bem como de sua prática.[16]

Embora Wesley se alinhasse ao cristianismo protestante, ele não se contentava em usar o princípio da *sola Scriptura* de forma a excluir outras autoridades religiosas. Mantendo-se fiel à sua herança anglicana, ele não tinha medo de introduzir autoridades extrabíblicas em seu método de abordagem da teologia e das Escrituras. Toda a tarefa teológica era complexa demais e inter-relacionada a outras autoridades religiosas para ignorar como elas contribuíam para iluminar, vitalizar e proclamar a mensagem do evangelho.

Propósito das Escrituras

Descobrimos em Wesley que um dos propósitos principais das Escrituras é comunicar a mensagem completa do evangelho da salvação — salvação que produz tanto justificação quanto santificação nos crentes. As Escrituras contêm um registro confiável de como Deus providenciou um caminho para a salvação, especialmente conforme revelado por meio da pessoa e obra de Jesus Cristo. As Escrituras, portanto, apresentam o caminho da salvação.

Wesley articulou esse caminho em sermões como "Cristianismo Bíblico", "O Caminho Bíblico da Salvação" e "Sobre Desenvolver Nossa Própria Salvação". Se queremos ser salvos, mas não sabemos como, então a Escritura nos mostra "os passos que... nos direcionam a tomar, no desenvolvimento de nossa própria salvação".[17] Assim, Wesley acreditava que a Escritura permanecia existencialmente essencial para encontrar o caminho da salvação.

Articular a ordem da salvação (lat., *ordo salutis)* encontrada nas Escrituras pode ajudar a facilitar seu propósito pretendido. Wesley reconheceu essa aplicação prática da teologia e, por isso, tentou diversas vezes delinear estágios na ordem ou caminho da salvação. Alguns estudiosos sugerem que a ordem de Wesley é um de seus empreendimentos teológicos mais sistemáticos. De fato, Wesley geralmente considerava a ordem da salvação o cerne de sua teologia. Harald Lindström apresenta um estudo útil das várias tentativas de Wesley de articular essa ordem. Dessas tentativas, Lindstrom considera o sermão de 1765 intitulado "O Caminho da Salvação nas Escrituras" como o que fornece os fatores predominantes que Wesley colocou na *ordo salutis* :

1) A operação da graça preveniente. 2) Arrependimento prévio à justificação. 3) Justificação ou perdão. 4) O Novo Nascimento. 5) Arrependimento após a justificação e a obra gradual de santificação. 6) Santificação completa.[18]

Wesley e *Sola Scriptura*

Na medida em que Wesley afirmava ser um homem de um livro, ele afirmava o chamado protestante ao princípio autoritário da Escritura somente (lat., *sola Scriptura)*. Mas sua afirmação da Escritura como primária apareceu no contexto de um desejo avassalador por salvação e não no molde tradicional, pelo menos, do pensamento da Reforma Continental. Como a autoridade da Escritura se relacionava com sua eficácia em levar uma pessoa à experiência da salvação pessoal, sua autoridade não se baseava apenas em provar a inspiração ou confiabilidade da Escritura. Mais tarde em seu ministério, Wesley afirmou que a Escritura não continha falsidade.[19] Mas, anteriormente, ele falou sobre a autoridade da Escritura repousar mais em sua função de facilitar a salvação do que em sua confiabilidade factual, histórica ou teológica.[20]

Com relação à compreensão de Wesley sobre *a sola Scriptura,* Albert Outler observa:

> Os grandes lemas protestantes de *sola fide* e *sola Scriptura* foram, de fato, fundamentais na formulação de Wesley de uma doutrina de autoridade bíblica. Mas, no início e no final de sua carreira, Wesley interpretou solus como significando "principalmente" em vez de "unicamente" ou "exclusivamente".[21]

Em apoio a essa afirmação, Outler cita as "Atas de Várias Conversas", onde Wesley disse o seguinte em resposta àqueles que dizem ler apenas a Bíblia:

> Isto é entusiasmo exagerado. Se você não precisa de nenhum livro além da Bíblia, está acima de São Paulo. Ele queria outros também. "Tragam os livros", diz ele, "mas especialmente os

pergaminhos", aqueles escritos em pergaminho. "Mas eu não tenho gosto pela leitura." Contraia o gosto pela leitura pelo uso, ou volte ao seu ofício.[22]

A afirmação de Wesley da autoridade das Escrituras não o impediu de se interessar e usar, ao longo da vida, muitos outros livros, particularmente aqueles de relevância teológica. A Biblioteca Cristã, com cinquenta volumes, que Wesley editou, atesta claramente sua preocupação em fornecer a todos uma diversidade de recursos intelectuais e devocionais para a fé cristã — recursos com certo grau de autoridade, mesmo que de natureza secundária e complementar.

Questões para Discussão

Em que bases Wesley acreditava na autoridade primária das Escrituras? O que você acredita sobre a autoridade das Escrituras? Na sua vida, as Escrituras são tão autoritativas na prática quanto você afirma que são na teoria?

O que significa que as Escrituras são divinamente inspiradas? Inspiração é o mesmo que autoridade? Confiável?

Em que medida a inspiração das Escrituras depende de argumentação racional (e apologética)? Em que medida sua inspiração depende da presença e da obra do Espírito Santo na vida das pessoas? Como a experiência com Deus, durante a leitura das Escrituras, pode contribuir para as crenças, os valores e as práticas teológicas de alguém?

Embora as Escrituras possam servir a múltiplos propósitos, por que Wesley se concentrou tanto em seu propósito soteriológico (isto é, salvação)?

Como você entende a "ordem da salvação" (lat., *ordo salutis*)? A ordem da salvação de Wesley é útil? Quais são os pontos fortes e fracos das descrições sobre uma ordem de salvação?

Como a compreensão de Wesley sobre as Escrituras, a tradição, a razão e a experiência se compara à afirmação da *Sola Scriptura da Reforma Continental*? Quais são os pontos fortes e fracos de cada compreensão?

Notas

[1]*Journal* (Curnock ed.), 2:226, 22 June 1739.

[2]"To James Hervey," 20 March 1739, *Letters* (Telford ed.), 1:285.

[3]"To John Dickins," 26 December 1789, *Letters* (Telford ed.), 8:192.

[4]Preface, §9, "Sermons on Several Occasions," *Works* (Bicentennial ed.), 1:107.

[6]"The Case of Reason Impartially Considered" (1781, sermon 70), I.

[7]*Works* (Bicentennial ed.), 2:591.

[8]"The Case of Reason Impartially Considered," 2:591–92.

[9]Preface, §5, "Sermons on Several Occasions," *Works* (Bicentennial ed.), 1:105.

[10]2 Tim. 3:16, *Notes upon the New Testament*, 794.

[11]"To Thomas Whitehead (?)," 10 February 1748, *Letters* (Telford ed.), 2:117.

[12]Compare os comentários de Wesley sobre 2 Timóteo 3:16 nas *Notes upon the New Testament*, 794, com os formulários anglicanos referentes a "As Escrituras" nos Artigos VI–VII dos Trinta e nove Artigos em Philip Schaff, *The Creeds of Christendom* (New York: Harper & Brothers, 1919), 1:592–649, 3:486–516; e Edward J. Bicknell, *A Theological Introduction to the Thirty–nine Articles of the Church of England* (London: Longman, 1919), 128–46.

[13]"The Character of a Methodist," §1, *Works* (Jackson ed.), 8:340.

[14]"The Character of a Methodist," §1, *Works* (Jackson ed.), 8:340.

[15]"A Clear and Concise Demonstration of the Divine Inspiration of the Holy Scriptures," *Works* (Jackson ed.), 11:484.

[16]"A Clear and Concise Demonstration of the Divine Inspiration of the Holy Scriptures," *Works* (Jackson ed.), 11:484.

[17]"On Faith, Heb. 11:6" (1788, sermon 106), I.8, *Works* (Bicentennial ed.), 3:496. Cf. discussões relacionadas à proximidade teológica de Wesley com o protestantismo clássico em R. Larry Shelton, "John Wesley's Approach to Scripture in Historical Perspective," *Wesleyan Theological Journal* 16, no. 1 (1981): 37–38; and Colin Williams, *John Wesley's Theology Today* (New York: Abingdon, 1960), 26, 37.

[18]"On Working Out Our Own Salvation" (1785, sermon 85), II.4, *Works* (Bicentennial ed.), 3:205.

[19]Harald Lindström, *Wesley and Sanctification* (1980; Grand Rapids: Zondervan, 1983), 113; cf. 105–119.

[20]Em objeção ao livro de Soame Jenyns intitulado *Internal Evidence of the Christian Religion*, no qual Jenyns negava que toda a Escritura fosse dada pela inspiração de Deus, Wesley disse: "Não, se há algum erro na Bíblia, pode muito bem haver mil. Se há uma falsidade naquele livro, ela não veio do Deus da verdade" *Journal* (Curnock ed., 6:117, 24 August 1776). Cf. *Standard Sermons* (Sugden ed.), 1:249–50: "All Scripture is infallibly true."

John Alfred Faulkner argumenta que o movimento metodista "era soteriológico, [e] não teológico em sentido estrito. Ele se aproximou de Deus, de Cristo e do Espírito por meio da salvação"; veja

Modernism and the Christian Faith (New York: Methodist Book Concern, 1921), 220.

[21]Albert C. Outler, ed., *John Wesley* (New York: Oxford University Press, 1980), 28n101.

[22]"Minutes of Several Conversations," Q.32, *Works* (Jackson ed.), 8:315.

CAPÍTULO 6
ESCRITURA, PARTE 2:
INTERPRETAÇÃO DAS ESCRITURAS

Wesley não interpretou as Escrituras de forma simplista, nem as aplicou de forma legalista ou baseada em textos de prova. Sua abordagem às Escrituras emanava de uma compreensão holística e da confiança em sua suficiência para "torná-lo sábio" para a salvação e para viver uma vida santa.[1] Wesley pode não ter sido um exegeta profissional, mas foi capaz de captar uma compreensão gestáltica ou holística das verdades cristãs que transcendeu sua erudição. Ele parecia perspicaz em captar e comunicar o caráter vital e dinâmico da fé cristã, à medida que ela impactava todos os aspectos da vida de uma pessoa. Ao mesmo tempo, Wesley buscou tecer seu conteúdo conceitual na estrutura de sua teologia e ministério.

Não devemos esperar encontrar em Wesley uma compreensão altamente conceitualizada e profissional da interpretação das Escrituras. Embora os cristãos frequentemente reflitam sobre hermenêutica (princípios de interpretação) desde os tempos patrísticos, e embora a crítica histórica inicial tenha começado no século anterior a Wesley, ele antecedeu a maioria das questões histórico-críticas do século XIX em diante.

No contexto anglicano de Wesley, não havia necessidade premente de desenvolver uma apologética para a doutrina das Escrituras ou para a hermenêutica bíblica. Assim, não podemos determinar definitivamente como Wesley poderia ter respondido às muitas questões histórico-críticas que continuam a nos desafiar hoje. Por exemplo, Wesley não abordou questões de autenticidade bíblica, cronologia, autoria e assim por diante. No entanto, ele não se esquivou de passagens difíceis das Escrituras como se não houvesse problemas. Ele reconheceu que

> todas as pessoas lutam para compreender os mistérios da religião revelada por causa "da nossa ignorância e incapacidade de compreender os seus [de Deus] conselhos".[2]

Por exemplo, Wesley considerou a possibilidade de que o conhecimento religioso, transmitido por Noé, seus filhos e os netos, possa ter sido afetado pela adição de inúmeras fábulas, isto é, narrativas adicionadas a narrativas anteriores. Ele disse:

> Podemos igualmente supor, com razão, que alguns traços de conhecimento, tanto em relação ao mundo invisível quanto ao eterno, foram transmitidos por Noé e seus filhos, tanto aos seus descendentes imediatos quanto aos remotos. E, por mais obscurecidos ou disfarçados que tenham sido pela adição de inúmeras fábulas, algo de verdade ainda estava misturado a eles, e esses raios de luz impediram a escuridão total.[3]

Embora Wesley não tenha especulado sobre o quanto tais "fábulas" (ou sagas, mitos) afetavam as Escrituras, ele admitiu que é preciso ter muito cuidado na interpretação dos gêneros, bem como dos contextos históricos e literários das passagens bíblicas. Wesley percebeu que os cristãos precisam estar cientes dos aspectos contextuais dos textos bíblicos e considerá-los ao discernir o significado das Escrituras.

Gerald Cragg confirma "que Wesley não era um literalista servil porque 'invocava a razão, a tradição e a experiência para esclarecer o significado de passagens obscuras'".[4] Outros estudiosos concordam. Edward Sugden comenta: "Wesley era um crítico, tanto de alto nível quanto de baixo nível, antes que esses termos tão mal compreendidos fossem inventados".[5] Em apoio a esse comentário, Sugden cita o Prefácio de Wesley às *Notas sobre o Novo Testamento*:

> Essas várias leituras que têm uma grande maioria de cópias e traduções antigas do seu lado, eu as incorporei sem escrúpulos ao texto; as quais eu dividi ao longo do texto de acordo com o assunto que contém.[6]

Sugden sugere ainda que, no Prefácio de seu comentário sobre o Livro de Josué, Wesley apresentou quase exatamente a visão crítica moderna. Wesley escreveu:

> De fato, é provável que [Josué a Ester] fossem coleções de registros autênticos da nação, que alguns profetas foram divinamente orientados e auxiliados a reunir. Parece que a substância das diversas histórias foi escrita sob direção divina, quando os eventos tinham acabado de acontecer, e muito tempo depois colocada na forma em que se encontram agora, talvez todas pela mesma mão.[7]

Aqui, Wesley revela uma consciência de questões hermenêuticas históricas e críticas que se tornaram mais proeminentes nos séculos posteriores. No entanto, Wesley estava convencido de que os cristãos não deveriam se esquivar de tais questões, crendo que a verdade de Deus está suficientemente revelada nas Escrituras.

Quanto aos aspectos às vezes misteriosos das Escrituras, Wesley disse: "Mesmo entre nós, que somos favorecidos muito acima destes — a quem são confiados os oráculos de Deus, cuja palavra é uma lanterna para os nossos pés e uma luz em todos os nossos caminhos — ainda há muitas circunstâncias em suas dispensações que estão acima da nossa compreensão".[8] Possuir as Escrituras não salvaguardava, por si só, a compreensão completa da verdade de Deus, embora Wesley as considerasse suficientes para levar as pessoas à salvação e fornecer diretrizes para uma vida santa.

Para Wesley, tanto o "espírito" quanto a "letra" das Escrituras precisavam ser discernidos, visto que seus ensinamentos tinham um propósito: salvar pessoas e promover a santidade e o amor. Estudiosos como Mildred Bangs Wynkoop, por exemplo, descreveram o "amor" como a hermenêutica missiológica por trás da interpretação bíblica de Wesley.[9] Larry Shelton concorda, em geral, admitindo que o "amor" motiva o exame das Escrituras por Wesley. No entanto, Shelton elabora com mais precisão o tema da interpretação bíblica de Wesley, afirmando que "sua metodologia é primariamente indutiva, histórico-literal e soteriológica".[10]

Método Indutivo

O caráter indutivo do método teológico de Wesley se estende à sua interpretação das Escrituras, e Shelton oferece insights úteis sobre como Wesley abordou questões hermenêuticas. Primeiro, Shelton observa que, no Prefácio às Notas sobre o Antigo Testamento, Wesley desenvolveu as características indutivas de sua abordagem ao estudo das Escrituras.[11] Ao final de seu Prefácio, Wesley resumiu seis passos devocionais para o estudo das Escrituras:

> Se você deseja ler as Escrituras de uma maneira que possa responder mais eficazmente a esse propósito (entender as coisas de Deus), não seria aconselhável (1) reservar um pouco de tempo, se possível, todas as manhãs e noites para esse propósito? (2) A cada vez, se tiver tempo livre, ler um capítulo do Antigo e um do Novo Testamento; se não puder fazer isso, escolher um único capítulo ou parte dele? (3) ler isso com um único olho para conhecer toda a vontade de Deus e uma resolução fixa de fazê-lo? Para conhecer a Sua vontade, você deve (4) ter um olhar constante para a analogia da fé, a conexão e a harmonia que há entre essas grandes e fundamentais doutrinas: o pecado original, a justificação pela fé, o novo nascimento, a santidade interior e exterior. (5) A oração séria e fervorosa deve ser constantemente usada antes de consultarmos os oráculos de Deus, visto que "a Escritura só pode ser entendida pelo mesmo Espírito com que foi dada"….(6) Também pode ser útil se, enquanto lemos, frequentemente parássemos e nos examinássemos pelo que lemos.[12]

Essas sugestões foram dadas como preparação para um estudo mais sério e especializado das Escrituras, reconhecendo a importância da interpretação das Escrituras no contexto da oração e da aplicação dos próprios insights à vida. Mas, mesmo em nível devocional, Wesley se preocupava com o fato de os cristãos estudarem as Escrituras indutivamente por si mesmos.

Em segundo lugar, Shelton observa que Wesley inicialmente enfatizou a prioridade do sentido literal das Escrituras. Ele afirma que Wesley não defendia o literalismo em si, mas o método seguido por Lutero e os outros reformadores, pelo qual o sentido alegórico das Escrituras era corrigido pela "gramática e sintaxe simples [que] dão o significado de qualquer declaração sem recurso a quaisquer espiritualizações esotéricas".[13] Como corolário dos métodos históricos e exegéticos de interpretação bíblica, Shelton aponta que Wesley utilizou o que descreveu como a analogia da fé, com a qual "ele se refere aos temas gerais da Bíblia conforme são corretamente interpretados".[14] Da mesma forma, Outler descreve o uso que Wesley faz da analogia da fé como "o senso do todo", pelo qual um intérprete das Escrituras é capaz de apreender uma compreensão gestáltica das verdades das Escrituras que supera uma dependência servil das palavras literais.[15]

Em outro comentário sobre a hermenêutica de Wesley, William Arnett destila seis regras gerais de interpretação das escrituras características de Wesley. Embora já tenhamos visto a essência dessas regras em nossa discussão anterior, Arnett oferece um resumo útil:

Primeiro, o sentido literal é enfatizado.

Em segundo lugar, Wesley insiste na importância do contexto.

Terceiro, comparar as Escrituras é importante.

Em quarto lugar, Wesley enfatiza a importância da experiência cristã na interpretação das

Escrituras... A experiência cristã tem valor tanto confirmatório quanto corretivo.

Quinto, a razão deve ser usada como a "serva da fé, a serva da revelação".

Por fim, observamos a regra da "praticidade". Wesley foi, em grande medida, um apóstolo das pessoas simples e iletradas. Portanto, ele buscou eliminar o elaborado, o elegante e o oratório.[16]

O ponto importante a ser observado sobre o método (ou regras, princípios) de interpretação bíblica de Wesley é sua abertura para investigar mais do que o significado literal e claro de qualquer texto. Wesley demonstrou disposição para explorar interpretações alternativas quando o texto ou a evidência das Escrituras parecem "contrários a outros textos", "obscuros" ou "implicam um absurdo".[17]

Arnett destaca, de forma útil, a preocupação de Wesley em interpretar as Escrituras dentro de seu contexto. Por exemplo, Wesley queria saber o gênero específico de um texto: era narrativo? Histórico? Parábola? Epístola? Poema? Hino? Da mesma forma, Wesley queria saber o contexto histórico e literário específico de um texto: como o conhecimento histórico sobre um texto específico nos ajuda a compreender seu significado? Como o conhecimento literário sobre um texto específico também nos ajuda a compreender seu significado?

Por fim, Shelton observa o foco soteriológico evidente em todos os escritos de Wesley — um foco motivado pelo que Wynkoop descreveu como a hermenêutica do amor de Wesley. Shelton sustenta que "a abordagem básica de Wesley à interpretação e à autoridade das Escrituras está solidamente enraizada na tradição interpretativa histórico-literal, patrística e da Reforma".[18] Considerando que a fé e a salvação "incluem a substância de toda a Bíblia, a essência, por assim dizer, de toda a Escritura",[19] Wesley organizou todas as suas investigações teológicas em torno do foco central da salvação — concebida holisticamente — que era a *razão de ser* do movimento metodista.

Importância do Contexto

Ao interpretar as Escrituras, Wesley começou estudando o contexto dos próprios textos bíblicos. Embora não se preocupasse com as questões de alta crítica que predominavam no século XIX, Wesley via a necessidade de interpretar as Escrituras além de seu significado claro e literal. A hermenêutica implicava a investigação do contexto bíblico circundante. Wesley advertiu:

> Qualquer passagem é facilmente pervertida por ser recitada isoladamente, sem nenhum dos versos precedentes ou posteriores. Por esse meio, muitas vezes pode parecer ter um sentido, quando, observando o que vem antes e o que vem depois, fica claro que, na verdade, tem o sentido diretamente oposto.[20]

As passagens das Escrituras devem ser submetidas ao escrutínio de outras passagens das Escrituras para esclarecer o significado do todo. Como disse Wesley: "A melhor maneira, portanto, de compreendê-la é comparar cuidadosamente Escritura com Escritura, e assim aprender o verdadeiro significado delas".[21] Em "Um Discurso ao Clero", Wesley acrescentou: "Não menos necessário é o conhecimento das Escrituras, que nos ensinam como ensinar aos outros; sim, o conhecimento de todas as

Escrituras; ver a Escritura interpretando a Escritura; uma parte fixando o sentido da outra".[22]

Além da analogia da fé, Wesley se baseou na experiência para ajudar a interpretar o contexto das Escrituras. Ele utilizou a experiência — pessoal e social, histórica e literária — para confirmar e elaborar verdades encontradas nas Escrituras. Ele afirmou que nem mesmo acreditaria na interpretação literal das Escrituras a menos que fosse confirmada pela experiência. Podemos ilustrar isso com uma conversa entre Wesley e Peter Böhler:

> Quando reencontrei Peter Böhler, ele consentiu em colocar a disputa na questão que eu desejava, a saber, Escritura e experiência. Primeiro, consultei as Escrituras. Mas quando deixei de lado as interpretações dos homens e simplesmente considerei as palavras de Deus, comparando-as, esforçando-me para ilustrar o obscuro com passagens mais claras, descobri que todas eram contra mim, e fui forçado a recuar para minha última posição: "a experiência jamais concordaria com a interpretação literal daquelas Escrituras". Nem pude, portanto, admitir que fosse verdade, até encontrar algumas testemunhas vivas disso.[23]

Consequentemente, Wesley acreditava que as interpretações contestadas das Escrituras e as formulações subsequentes da doutrina podem ser "confirmadas pela sua experiência e pela minha".[24]

Como esperava que a experiência confirmasse as Escrituras, Wesley também considerou a possibilidade de a experiência esclarecer o significado das Escrituras quando este não é claro ou, mais precisamente, esclarecer nossa interpretação delas. Um excelente exemplo pode ser encontrado na compreensão bíblica de Wesley sobre a inteira santificação. Alguns estudiosos de Wesley sugerem que sua doutrina da inteira santificação surgiu principalmente da observação da experiência dos cristãos com a graça santificadora de Deus em suas vidas. É claro que a observação dessas experiências confirmou o que Wesley já havia constatado ser verdade nas Escrituras. Lembre-se de que Wesley não esperava que a experiência dirigida pelo Espírito jamais contradissesse as Escrituras. Portanto, Wesley estudou a experiência, especialmente a experiência religiosa, para obter insights sobre a compreensão e a aplicação das Escrituras.

Juntamente com a experiência, a razão desempenhou um papel vital na interpretação das Escrituras por Wesley. Para Wesley, a razão facilita todo o processo de pensamento, sem o qual não se poderia ter esperança ou mesmo começar a interpretar as Escrituras. A razão constitui um "dom precioso de Deus... [é] 'a vela do Senhor', que ele fixou em nossas almas para excelentes propósitos".[25] A pecaminosidade da humanidade pode ter apagado a imagem moral de Deus nos indivíduos, mas não apagou completamente sua imagem natural. A razão — incluindo a lógica e a compreensão — funciona como parte dessa imagem natural e é uma capacidade dada por Deus na qual podemos confiar no importante processo de interpretação das Escrituras.

Além disso, por meio da razão, Deus "nos capacita, em certa medida, a compreender seu método de lidar com os filhos dos homens".[26] A razão nos guia na compreensão e na resposta apologética às importantes ideias cristãs sobre arrependimento, fé, justificação, novo nascimento e santidade. Enfatizando a confiabilidade da razão, Wesley disse:

Em todos esses aspectos, e em todos os deveres da vida comum, Deus nos deu a razão como guia. E é somente agindo de acordo com seus ditames, usando todo o entendimento que Deus nos deu, que podemos ter uma consciência livre de ofensas para com Deus e para com os homens.[27]

Assim, os cristãos não devem "desprezar ou menosprezar a razão, o conhecimento ou a aprendizagem humana".[28] Em vez disso, os cristãos podem empregar proveitosamente a razão, a lógica e outros aspectos do pensamento crítico em suas investigações bíblicas e teológicas, tanto para apologética quanto para interpretar corretamente as palavras de Deus nas Escrituras.

A abertura de Wesley a todos os reivindicadores históricos de autoridade religiosa demonstra que o caráter indutivo de seu método teológico se estendeu além da teologia, incluindo a hermenêutica bíblica. Ao reconhecer características indutivas em seus estudos bíblicos, compreendemos melhor a abrangência e a consistência do uso de uma metodologia semelhante por Wesley em sua abordagem da teologia como um todo.

Perguntas para discussão

O que significa começar a interpretação das Escrituras buscando seu significado literal e claro? Por que um significado literal e claro às vezes é a pior maneira de interpretar uma passagem bíblica?

De que maneira você acha que os seis passos devocionais de Wesley são úteis para abordar sua leitura e estudo das Escrituras?

Como uma abordagem indutiva ao estudo das Escrituras ajuda os indivíduos a decidirem por si mesmos o que os textos bíblicos dizem? O resumo de Arnett ajuda a compreender a maneira como Wesley interpretava as Escrituras?

Por que é importante estudar o contexto de uma passagem bíblica, especialmente seu contexto mais amplo dentro de um parágrafo, capítulo ou livro das Escrituras? Por que é importante primeiro deixar que as Escrituras interpretem as Escrituras, ou seja, deixar que outras partes das Escrituras auxiliem no processo de interpretação?

Por que é importante conhecer o gênero de uma determinada passagem bíblica, ou seja, sua categoria literária (por exemplo, história, salmo, hino, poema, parábola, epístola)?

Por que é importante conhecer o contexto histórico de uma passagem bíblica específica (por exemplo, quem, o quê, quando, onde, como, por quê)? ou seu contexto literário (por exemplo, em comparação com tipos semelhantes de literatura no Antigo Oriente Próximo)?

Notas

¹See Wesley's quotations from 2 Timothy 3:15b in "The Means of Grace" (1746, sermon 16), III.8, *Works* (Bicentennial ed.), 1:388. Cf. "On Family Religion" (1783, sermon 94), III.16, *Works* (Bicentennial ed.), 3:344.

²"The Imperfection of Human Knowledge" (1784, sermon 69), III.2, *Works* (Bicentennial ed.), 2:583.

³"Walking by Sight and Walking by Faith" (1788, sermon 119), §9, *Works* (Jackson ed.), 7:258.

⁴Gerald R. Cragg, *Reason and Authority in the Eighteenth Century* (Cambridge: Cambridge University Press, 1964), 160.

⁵Edward H. Sugden, introduction, *John Wesley's Fifty-three Sermons*, ed. Edward H. Sugden (Nashville: Abingdon, 1983), 7.

⁶*Notes upon the New Testament*, §7, quoted by Sugden, *John Wesley's Fifty-three Sermons*, 7–8.

⁷Preface to the Book of Joshua, *Notes upon the Old Testament*, 1:701.

⁸"The Imperfection of Human Knowledge" (1784, sermon 69), III.2, *Works* (Bicentennial ed.), 2:583.

⁹Mildred Bangs Wynkoop, "A Hermeneutical Approach to John Wesley," *Wesleyan Theological Journal* 6, no. 1 (1971): 21. Cf. Wynkoop's chapter on "A Hermeneutical Approach to Wesley" in her book *Theology of Love* (Kansas City: Beacon Hill, 1972), 76–101.

¹⁰R. Larry Shelton oferece um resumo útil da hermenêutica bíblica de Wesley no artigo "John Wesley's Approach to Scripture in Historical Perspective," *Wesleyan Theological Journal* 16, no. 1

(1981): 41. Cf. preface, *Notes upon the Old Testament*, l:i–ix, and preface, §5, *Works* (Bicentennial ed.), 1:105–6.

[11]Shelton, "John Wesley's Approach to Scripture," 41.

[12]Preface, *Notes upon the Old Testament*, 1

[13]Shelton, "John Wesley's Approach to Scripture,"42. Cf. discussão sobre "interpretação literal" em Elliott E. Johnson, *Expository Hermeneutics: An Introduction* (Grand Rapids: Zondervan, 1990), esp. 9–11, 31–38, 87–96.

[14]Shelton, "John Wesley's Approach to Scripture," 42. Como exemplo, Wesley pode apelar às doutrinas históricas do pecado original, da justificação pela fé, do novo nascimento e da santidade interior e exterior para interpretar passagens difíceis das Escrituras.

[15]Outler descreve Wesley como tendo "princípios gêmeos de hermenêutica. O primeiro é que a Escritura é a sua própria melhor intérprete; portanto, 'a analogia da fé' (isto é, o sentido que cada um tem do todo) deve governar a exegese de cada parte... O segundo é que se começa, sempre, com uma tradução literal e se apega a ela, a menos que leve a um absurdo palpável; nesse caso, a analogia e até mesmo a alegoria tornam-se opções aceitáveis"; ver *Works* (Bicentennial ed.), 1:473n22.

[16]Estas seis regras são um resumo do estudo de Arnett sobre a abordagem de Wesley à interpretação das escrituras. Veja William M. Arnett, "John Wesley — Man of One Book" (Diss., Drew University, 1954), pp. 89–96. A citação na quinta regra vem de William R. Cannon, *Theology of John Wesley* (New York: Abingdon, 1946), p. 159.

[17]Citações retiradas da carta "To Samuel Furly," 10 May 1755, *Letters* (Telford ed.), 3:129, and "Of the Church" (1785, sermon 74), I.12, *Works* (Bicentennial ed.), 3:51.

[18]Shelton, "John Wesley's Approach to Scripture," 42.

[19]"The Scripture Way of Salvation" (1765, sermon 43), §2, *Works* (Bicentennial ed.), 2:156.

[20]"On Corrupting the Word of God" (1727, sermon 137), *Works* (Jackson ed.), 7:470.

[21]"Popery Calmly Considered," 1.6, *Works* (Jackson ed.), 10:142.

[22]"An Address to the Clergy," 1.2, *Works* (Jackson ed.), 10:482.

[23]*Journal* (Curnock ed.), 1:471-72, §12, 24 May 1738.

[24]"The Witness of the Spirit, II" (1767, sermon 11), III.6, *Works* (Bicentennial ed.), 1:290.

[25]"The Case of Reason Impartially Considered" (1781, sermon 70), II.10, *Works* (Bicentennial ed.), 2:599. Outler observa que o uso que Wesley faz da citação de Provérbios 20:27 reflete um slogan dos platônicos de Cambridge (Bicentennial ed.), 2:599n58.

[26]"The Case of Reason Impartially Considered" (1781, sermon 70), 1.6, *Works* (Bicentennial ed.), 2:592.

[27]"The Case of Reason Impartially Considered" (1781, sermon 70), 1.6, *Works* (Bicentennial ed.), 2:592.

[28]"A Plain Account of Christian Perfection,"§25, *Works* (Jackson ed.), 11:429.

CAPÍTULO 7
TRADIÇÃO: "NUVEM DE TESTEMUNHAS"

John Wesley reservou um lugar especial para a tradição cristã na formulação de seus escritos teológicos e ministeriais. Apesar de viver em uma época de desconfiança progressiva na autoridade da tradição cristã e das igrejas institucionais, Wesley afirmou a necessidade do método teológico. No Prefácio da primeira edição completa de suas obras (1771-1774), Wesley declarou o propósito da edição: "Apresento a homens sérios e sinceros meus últimos e mais maduros pensamentos, compatíveis, espero, com as Escrituras, a razão e a antiguidade cristã".[1] Por "antiguidade cristã", Wesley se referia principalmente à "religião da igreja primitiva, de toda a igreja nas eras mais puras".[2] Ele explicou "a religião da igreja primitiva" desta forma:

> Está claramente expresso até mesmo nos pequenos vestígios de Clemente Romano, Inácio e Policarpo. É visto mais amplamente nos escritos de Tertuliano, Orígenes, Clemente de Alexandria e Cipriano. E mesmo no século IV, foi encontrado nas obras de Crisóstomo, Basílio, Efrém de Siro e Macário. Seria fácil produzir uma nuvem de testemunhas testificando a mesma coisa, se este não fosse um ponto que ninguém contestaria,

mesmo que tivesse o mínimo conhecimento da antiguidade cristã.[3]

Na citação acima, Wesley faz alusão a Hebreus 12:1, que celebra a "nuvem" de ancestrais religiosos — judeus e cristãos — que contribuíram para o desenvolvimento da igreja. Wesley também homenageou aqueles que contribuíram para o desenvolvimento histórico da igreja, desde a antiguidade cristã até as testemunhas contemporâneas do evangelho de Jesus Cristo.

Tradição Ortodoxa do Metodismo

Wesley queria que sua teologia e o movimento metodista fossem vistos no contexto daquela tradição cristã, que mais se aproximava da verdadeira fé bíblica. Em seu sermão "Sobre o Lançamento dos Fundamentos da Nova Capela", Wesley situou o Metodismo na sucessão ortodoxa do cristianismo histórico, refletindo os relatos mais antigos da interação de Deus com as pessoas. Essa religião primitiva, ou "antiga", antecedeu a "religião da Bíblia"; consistia em

nada mais que o amor: o amor de Deus e de toda a humanidade; amar a Deus com todo o nosso coração, alma e força, como se Ele tivesse nos amado primeiro, como a fonte de todo o bem que recebemos e de tudo o que esperamos desfrutar; e amar cada alma que Deus criou, cada homem na Terra, como nossa própria alma.[4]

A religião antiga — ou o que Wesley chamou em outro lugar de religião do coração — pode ser resumida nesta "única petição abrangente: 'Purifica os pensamentos de nossos corações pela inspiração do teu Espírito Santo, para que possamos amar-te perfeitamente e magnificar dignamente o teu santo nome'".[5] Essas palavras descreviam a essência da interação de Deus com as pessoas ao longo da história mundial. Wesley acreditava que o cristianismo verdadeiro e genuíno poderia ser rastreado ao longo da história mundial e que, de fato, o Metodismo era a manifestação mais recente da "religião antiga".[6]

Embora a versão resumida de Wesley sobre a história da Igreja Ortodoxa fosse favorável à tradição anglicana e ao movimento metodista, ela revela a compreensão de Wesley sobre religião e sua preocupação em identificar outras manifestações do verdadeiro cristianismo bíblico. Ele considerava que aprender sobre a história da Igreja seria útil no processo de compreensão, apreciação e — finalmente — descoberta de todas as verdades espirituais da vida. O diagrama a seguir reflete a compreensão de Wesley sobre a genealogia da religião verdadeira:

"Velha Religião" ↓
Religião da Bíblia ↓
Religião da igreja primitiva ↓
Religião da Igreja da Inglaterra ↓
Metodismo

Wesley deixou claro que a história da tradição cristã desempenha um papel vital tanto na interpretação das Escrituras quanto no desenvolvimento de crenças, valores e práticas religiosas fundamentais. Sem dúvida, ele afirmou a autoridade religiosa primária das Escrituras. No entanto, ao ler as Escrituras, Wesley percebeu que a dúvida pode facilmente surgir em passagens aparentemente obscuras ou complexas. Nesses casos, devemos usar procedimentos hermenêuticos relevantes para uma interpretação correta, sendo o menor deles o apelo à interpretação tradicional do texto pela Igreja. Wesley disse:

Se ainda resta alguma dúvida, consulto aqueles que têm experiência nas coisas de Deus e, depois, os escritos pelos quais, mesmo mortos, ainda falam. E o que assim aprendo, isso ensino.[7]

Algumas tradições eclesiásticas, embora certamente não todas, contêm tanto o conhecimento bíblico quanto a sabedoria prática de cristãos que vivenciaram o tipo de religião genuína que Wesley esperava reavivar em toda a Grã-Bretanha. Escritos históricos cuidadosamente selecionados forneceram a Wesley uma autoridade religiosa extrabíblica inestimável para fundamentar teologicamente sua vida pessoal e ministério. Esses escritos poderiam confirmar o verdadeiro cristianismo e fornecer ensinamentos substantivos sobre questões não abordadas especificamente pelas Escrituras.

Apesar da importância da tradição, Wesley definitivamente não a considerava inspirada nem infalível. Por exemplo, com sua alta consideração pelos primeiros pais da igreja, Wesley sentia que eles cometiam "muitos erros, muitas suposições fracas e muitas conclusões equivocadas".[8] Por essa razão, ele era muito cuidadoso na seleção e aplicação da tradição da igreja.

Espírito da Catolicidade

A "Carta a um Católico Romano" aberta de Wesley prova que ele possuía um espírito de catolicidade religiosa (ou universalidade) e ecumenismo incomum em sua época. Ele permitiu grande flexibilidade teológica e optou por não discutir opiniões diversas sobre aspectos não essenciais da fé cristã. Na carta mencionada, Wesley buscou alcançar um grau de reconciliação com os católicos romanos, apelando à compreensão e aceitação mútuas sem comprometer as crenças ortodoxas essenciais. Wesley disse:

> Não concordamos até aqui [a respeito do "verdadeiro cristianismo primitivo"]? Agradeçamos a Deus por isso e recebamos isso como um novo sinal de seu amor. Mas se Deus ainda nos ama, devemos também amar uns aos outros. Devemos, sem essa discussão interminável de opiniões, estimular uns aos outros ao amor e às boas obras. Deixemos de lado os pontos em que divergimos; aqui estão os pontos em que concordamos, o suficiente para ser a base de todo temperamento cristão e de toda ação cristã.[9]

É verdade que Wesley discordava de alguns aspectos da doutrina católica romana. Mas prometeu ignorar tais objeções enquanto as pessoas aceitassem as doutrinas ortodoxas estabelecidas pelos concílios ecumênicos da antiguidade e, então, "se estimulassem mutuamente ao amor e às boas obras".[10]

Wesley referiu-se positivamente à liberalidade doutrinária da disciplina metodista como algo único entre os cristãos. Perto do fim de sua vida, Wesley declarou que o amor exigia que os metodistas aceitassem em sua comunidade outros que também amassem a Deus, independentemente de sua filiação cristã, desde que buscassem "temer a Deus e praticar a justiça". Wesley disse:

> E para sua união conosco, não exigimos unidade de opiniões ou modos de culto, mas apenas que "tementem a Deus e pratiquem a justiça", como foi observado. Ora, isso é algo completamente novo,

inédito em qualquer outra comunidade cristã. Em que Igreja ou congregação, além disso, em todo o mundo cristão, os membros podem ser admitidos sob esses termos, sem condições? Indique qualquer um que possa: não conheço nenhum na Europa, Ásia, África ou América! Esta é a glória dos metodistas, e somente deles![11]

Wesley considerava essa liberalidade não apenas única, mas também crucial para suas esperanças de maior cooperação cristã no ministério e unidade entre as igrejas. A afirmação "Pensamos e deixamos pensar" é uma expressão que Wesley usou com frequência, a partir de 1745, para descrever a liberalidade teológica dos metodistas.[12] Essa preocupação inicial com a abertura religiosa perdurou ao longo da vida e do ministério de Wesley.

Infelizmente, a frase "Pensamos e deixamos pensar" é frequentemente mal compreendida e mal utilizada pelos intérpretes contemporâneos de Wesley. Ele aplicou essas palavras a opiniões teológicas, isto é, crenças religiosas que podem ser consideradas não essenciais para a ortodoxia cristã. Wesley distinguiu entre o que considerava doutrinas essenciais e não essenciais, semelhante à maneira como Lutero e Filipe Melanchthon permitiram adiáforas — coisas que não eram ordenadas nem proibidas pelas Escrituras e que, portanto, poderiam ser decididas na igreja por acordo mútuo dos membros.[13] Tendo diferenciado entre o essencial e o não essencial, Wesley então defendeu a liberalidade para doutrinas não essenciais.

O grau incomum de liberdade de Wesley para aceitar a diversidade ou a pluralidade nas coisas não essenciais surgiu, ele sentia, da infusão divina de um "espírito católico" e de um "amor universal" por todos os cristãos.[14] Wesley disse:

"Se for, dá-me a tua mão." Não quero dizer: "Sê da minha opinião". Não precisas. Não espero nem desejo isso. Nem quero dizer: "Serei da tua opinião". Não posso. Não depende da minha escolha. Não posso pensar, assim como não posso ver ou ouvir como quiser. Mantém a tua opinião, eu a minha; e tão firmemente como sempre. Não precisas sequer de te esforçar para vir até mim, ou para me trazer até ti. Não desejo que discutas esses pontos, nem que ouças ou digas uma palavra a respeito deles. Deixa todas as opiniões de um lado e do outro. Apenas "dá-me a tua mão".[15]

No entanto, Wesley defendeu firmemente sua herança histórica e anglicana, e alertou aqueles que, segundo ele, haviam transformado, em vez de traduzido, a essência da ortodoxia cristã clássica. Outler observa:

Concluir de tudo isso, no entanto, que Wesley era indiferente às questões envolvidas na sã doutrina é entendê-lo mal. Ele tinha uma visão clara da heresia como desvio do cerne da "revelação permanente"; e não hesitava em denunciar visões que ameaçavam esse cerne. ... Se o Metodismo pode ser corretamente acusado de indiferentismo teológico, isso não tem fundamento válido no próprio Wesley.[16]

Discernindo entre Tradições

Vários fatores contribuem para discernir a verdadeira tradição entre as muitas vertentes da história da Igreja. Mas Wesley utilizou principalmente o que chamou de grande princípio do cristianismo. Ele disse:

Declaro isto como uma verdade inquestionável: quanto mais a doutrina de qualquer Igreja concorda com as Escrituras, mais prontamente deve ser recebida. E, por outro lado, quanto mais a doutrina de qualquer Igreja difere das Escrituras, maior é o motivo que temos para duvidar dela.[17]

As Escrituras continuaram sendo a principal autoridade religiosa para discernir entre crenças, valores e práticas cristãs. Wesley nunca considerou a tradição como tendo a mesma autoridade que as Escrituras. A Tradição se mostrou útil na medida em que evidenciou a autoridade canônica do Antigo e do Novo Testamento e a maneira como interpretou, comunicou e aplicou fielmente o conteúdo da mensagem do Evangelho.

Wesley via a tradição como um conjunto desigual de autoridade religiosa — e essa desigualdade explica por que a Escritura deve sempre permanecer primária. Ele não considerava a Escritura desigual; ela era confiável e autoritativa em todos os aspectos. Ao usar a Escritura como o grande princípio, ou medida, para avaliar a confiabilidade da tradição, era possível recorrer à tradição com confiança.

Quando o significado de uma ideia derivada das Escrituras parecia obscuro, Wesley acreditava que usar a tradição poderia ajudar na "explicação de uma doutrina que não está suficientemente explicada, ou na confirmação de uma doutrina geralmente aceita".[18] A tradição fornece, disse ele, um sentido ou significado pleno às crenças cristãs que as Escrituras sozinhas não fornecem.

Ela oferece concepções mais maduras e desenvolvidas das verdades bíblicas que só podem surgir por meio de experiências vividas e de uma reflexão aprofundada sobre essas experiências. Um senso pleno de interpretação bíblica enriquece e ilumina o significado de um texto, desde que não contradiga a intenção original das Escrituras. Afinal, acredita-se que a ortodoxia clássica conduz as pessoas de volta às Escrituras — na plenitude de sua mensagem —, em vez de afastá-las.

Aprendendo com outras tradições

Wesley se inspirou com discernimento em outras tradições eclesiásticas, além da antiguidade cristã que ele defendia e da Igreja da Inglaterra. Contanto que as outras tradições atendessem ao seu grande princípio de ortodoxia bíblica, ele se sentia livre para se inspirar em qualquer escritor ou tradição religiosa que oferecesse insights para a compreensão teológica e o estilo de vida cristão. Na prática, Wesley se inspirou em uma variedade de tradições religiosas.

A síntese de diversas tradições por Wesley em uma perspectiva teológica sinérgica reflete sua confiança na coerência e consistência gerais de sua teologia. Ele não via contradição em se inspirar em diversas tradições cristãs, desde que estas refletissem fundamentalmente as Escrituras. Da perspectiva de Wesley, uma gestalt teológica mais ampla poderia ser alcançada sem ser provinciano ou predisposto em termos de quais fontes religiosas seriam aceitáveis ou dignas de consideração.

Pode-se considerar Wesley o sintetizador teológico consumado do século XVIII. Em plena sintonia com a herança anglicana de querer fornecer uma via média entre teologias concorrentes, Wesley se viu, dois séculos após a Reforma, em uma posição historicamente estratégica para reunir o melhor das teologias católica, ortodoxa e protestante. Ele não apenas conseguiu unir Escritura, tradição e razão, em consonância com a metodologia anglicana, mas também recorrer à experiência cristã, como se encontra, por exemplo, no espírito católico do amor universal como um fio que unia os verdadeiros crentes. Parecia viável e necessário a Wesley combinar as várias tradições do cristianismo em um todo mais persuasivo e baseado nas Escrituras.

Ao compreender Wesley, podemos comparar o crescimento do cristianismo ao crescimento sistêmico de uma árvore. A árvore da fé se alimenta de várias raízes ou fontes de alimento, incluindo as Escrituras, a tradição, a razão e a experiência. À medida que a árvore cresce, ramifica-se em variações do núcleo essencial das crenças cristãs — a igreja primitiva, a forma mais antiga e básica da fé — que é o seu tronco. O crescimento da árvore, no entanto, não é totalmente previsível. Assim como os galhos brotam do tronco, este continua a crescer e a se alargar com o passar do tempo. O crescimento da árvore depende não apenas da nutrição contínua das raízes, mas também da energia derivada dos galhos (e folhas). Consequentemente, esses galhos não devem ser ignorados simplesmente porque não se gosta de sua configuração. Contanto que um galho não adoeça e envenene o restante da árvore, ele deve ser considerado parte da árvore e suas contribuições valorizadas para o crescimento da árvore como um todo. Deus é o sol, a fonte suprema de energia para o crescimento, é claro. Mas uma árvore cresce a partir de vários nutrientes, incluindo a água vivificante do

Espírito Santo, e se torna uma vida única que reflete sua história distinta, bem como padrões reconhecíveis de crescimento sistêmico.

Esta metáfora da árvore não é explicitamente encontrada em Wesley na descrição da história da igreja, mas tem um paralelo bíblico. O apóstolo Paulo disse: "Eu plantei, Apolo regou, mas Deus é quem fez crescer" (1 Co 3:6). Acredito que a imagem bíblica nos ajuda a conceituar a compreensão de Wesley sobre como cristãos e igrejas cresceram ao longo dos séculos.

Para realizar uma teologia via mídia, Wesley recusou-se a estabelecer padrões doutrinários excessivamente rígidos que pudessem se tornar complexos demais para integrar e interagir com os insights genuínos disponíveis nos vários ramos da tradição cristã. Evitando truncamentos sistemáticos da teologia cristã, Wesley buscou fornecer um contexto teológico e eclesiástico no qual unir os verdadeiros cristãos bíblicos. O benefício dos esforços de Wesley é um espírito católico e ecumênico que permite a cooperação e oportunidades de unidade visível entre as diversas tradições cristãs.

Perguntas para discussão

O que Wesley entendia como tradição? Como ele entendia sua autoridade religiosa, particularmente em relação às Escrituras?

Como a tradição da igreja impactou suas crenças, valores e práticas cristãs específicas? Independentemente de você ser filiado a uma denominação cristã ou a uma igreja independente, você tem um passado religioso e, portanto, deveria estar ciente dele? Por quê?

Por que era importante para Wesley pensar que a história cristã (e da Igreja) seguia — em geral — um passado discernível, conhecido como ortodoxia? De que maneiras a ortodoxia cristã é útil e não útil?

Wesley defendia um espírito católico (ou universal), que valorizava o que poderia ser aprendido de outros cristãos e tradições da igreja. Então, por que um espírito católico pode ser importante para nós hoje?

Por que é importante ter discernimento ao aprender e avaliar outras tradições cristãs? Até que ponto o "grande princípio" de Wesley de considerar as crenças, os valores e as práticas de outros com base nas Escrituras é útil, ou talvez não, para nos relacionarmos com os outros?

O que você acha que pode ser aprendido com outras tradições cristãs, incluindo aquelas que não são católicas, ortodoxas ou protestantes, ou talvez com cristãos de outros países? O que você, em particular, pode aprender com outros cristãos?

Notas

[1]Preface to the third edition, §4, *Works* (Jackson ed.), 1:iv.

[2]"On Laying the Foundation of the New Chapel" (1777, sermon 112), II.3, *Works* (Bicentennial ed.), 3:586.

[3]"On Laying the Foundation of the New Chapel" (1777, sermon 112), II.3, *Works* (Bicentennial ed.), 3:586.

[4]"An Earnest Appeal," §2, *Works* (Oxford ed.), 11:45, quoted by Wesley in "On Laying the Foundation of the New Chapel" (1777, sermon 112), II.1, *Works* (Bicentennial ed.), 3:585. Cf. "On Divine Providence" (1786, sermon 67), §18, *Works* (Bicentennial ed.), 2:543.

[5]Aqui Wesley citou a coleta de "The Order for the Administration of the Lord's Supper, or Holy Communion" in the Book of Common Prayer in "On Laying the Foundation of the New Chapel" (1777, sermon 112), II.4, *Works* (Bicentennial ed.), 3:586. Cf. The Book of Common Prayer 1559, ed. John E. Booty (Charlottesville: University Press of Virginia, 1976), 248.

[6]Ver "On Laying the Foundation of the New Chapel" (1777, sermon 112), II.1–4, *Works* (Bicentennial ed.), 3:585–86.

[7]Preface, §5, "Sermons on Several Occasions," *Works* (Bicentennial ed.), 1:106.

[8]"To Dr. Conyers Middleton," 4 January 1749, III.11, *Letters* (Telford ed.), 2:387.

[9]"A Letter to a Roman Catholic," §16, *Works* (Jackson ed.), 10:85. A citação interna veio do parágrafo anterior da carta de Wesley.

[10]"A Letter to a Roman Catholic," §16, *Works* (Jackson ed.), 10:85.

[11]"Prophets and Priests" (1789, sermon 121), §21, *Works* (Bicentennial ed.), 4:83–84.

[12]Veja *Journal* (Curnock ed.), 3:178, 29 May 1745. Cf. the following: "The Lord Our Righteousness" (1765, sermon 20), II.20, *Works* (Bicentennial ed.), 1:464; "The Nature of Enthusiasm" (1750, sermon 37), §36, *Works* (Bicentennial ed.), 2:59; "On the Death of George Whitefield" (1770, sermon 53), III.1, *Works* (Bicentennial ed.), 2:341; "On the Trinity" (1775, sermon 55), §2, *Works* (Bicentennial ed.), 2:376; "On the Wedding Garment" (1790, sermon 127), §14, *Works* (Bicentennial ed.), 4:145; and "The Character of a Methodist," §1, *Works* (Jackson ed.), 8:340.

[13]Veja "Scriptural Christianity" (1744, sermon 4), IV.4, *Works* (Bicentennial ed.), 1:175; "Upon our Lord's Sermon on the Mount, II" (1748, sermon 22), III.18, *Works* (Bicentennial ed.), 1:508; "On the Trinity" (1775, sermon 55), §§1– 2, *Works* (Bicentennial ed.), 2:374–76; "On Laying the Foundation of the New Chapel" (1777, sermon 112), II.10, *Works* (Bicentennial ed.), 3:588; and "On the Wedding Garment" (1790, sermon 127), §15, *Works* (Bicentennial ed.), 4:146. Cf. Richard A. Muller's discussion of *adiaphora* in his *Dictionary of Latin and Greek Theological Terms* (Grand Rapids: Baker, 1985), 25–26.

[14]"Catholic Spirit" (1750, sermon 39), III.4, *Works* (Bicentennial ed.), 2:94.

[15]"Catholic Spirit" (1750, sermon 39), II.1, *Works* (Bicentennial ed.), 2:89.

[16]Ver Outler, *Works* (Bicentennial ed.), 1:220n7.

[17]"The Advantage of the Members of the Church of England, Over Those of the Church of Rome," §1, *Works* (Jackson ed.), 10:133.

[18]Preface, "A Roman Catechism, Faithfully Drawn Out of the Allowed Writings of the Church of Rome. With a Reply Thereto," *Works* (Jackson ed.), 10:87.

CAPÍTULO 8
RAZÃO:
RAZOABILIDADE DA RELIGIÃO

John Wesley atribuía grande valor ao papel da razão na religião. Ele afirmou: "É um princípio fundamental para nós [metodistas] que renunciar à razão é renunciar à religião, que religião e razão andam de mãos dadas e que toda religião irracional é religião falsa".[1] Em "Um Apelo Sincero aos Homens de Razão e Religião," Wesley afirmou unir-se aos "homens da razão" no "desejo de uma religião fundada na razão e em todos os aspectos condizente com ela".[2] Ele disse: "A paixão e o preconceito governam o mundo, apenas sob o nome da razão. É nossa parte, pela religião e pela razão unidas, neutralizá-los de tudo o que pudermos".[3]

Wesley acreditava profundamente na racionalidade suprema da religião verdadeira e na razoabilidade e necessidade da mensagem cristã para o mundo. O apelo de Wesley à razão frequentemente se seguia a apelos às Escrituras. Ele gostava de usar a expressão "o caminho racional e simples das Escrituras" ao apresentar o plano de salvação de Deus; qualquer outro caminho parecia um misticismo excessivamente entusiasmado ou uma forma de religião racionalista sem espírito.[4]

Importância da Razão

Wesley considerava o raciocínio humano parte essencial da constituição original da humanidade, juntamente com as capacidades políticas e morais das pessoas. A razão é um dom único de Deus; reflete a imagem e semelhança de Deus (ver Gênesis 1:26-27). Deus graciosamente continua a permitir que a razão funcione de maneiras significativas, embora o pecado reine no caráter moral das pessoas. Nossas capacidades racionais ficam aquém do raciocínio infinito de Deus, mas permanecem amplamente confiáveis, apesar da mancha da finitude humana e do pecado.

A grande confiança de Wesley no poder das pessoas de pensar logicamente, especialmente em relação a questões espirituais, condiz com sua formação teológica anglicana. A Igreja da Inglaterra considerava a razão o árbitro sintetizador entre a Escritura e a tradição, entre o protestantismo continental e o catolicismo romano.

A avaliação de Wesley sobre a relevância da razão para o cristianismo evoluiu à medida que ele amadureceu em suas reflexões teológicas. Em contraste com suas visões sobre as Escrituras e a tradição, que permaneceram relativamente as mesmas ao longo de seus escritos, as ideias de Wesley sobre a razão passaram por mudanças e desenvolvimentos. Por exemplo, quando Wesley escreveu seu sermão "A Circuncisão do Coração", em 1733, ele definiu a fé como "um assentimento inabalável a tudo o que Deus revelou nas Escrituras".[5] Após sua conversão em 1738, Wesley ainda incluiu referências à racionalidade da verdadeira fé cristã em suas discussões religiosas, embora, na verdade, sua concepção de fé tenha sido enriquecida para incluir muito mais do que apenas a razão; por exemplo, a importância de incorporar a experiência como parte da razoabilidade da religião.

Na década de 1780, Wesley ainda reservava um lugar de destaque para a razão em sua teologia, mas havia se tornado mais modesto em sua avaliação de seus poderes. Em seu pensamento maduro, Wesley escreveu seus sermões mais explícitos sobre a natureza e o papel da razão na religião em *The Case of Reason Impartially Considered and the Imperfection of Human Knowledge*. Talvez, sugere Albert Outler, Wesley pretendesse que esses dois sermões servissem como "antídotos e alternativas ao que Wesley considerava como falso racionalismo" entre os metodistas que não eram mais tão simples quanto haviam sido em seus primórdios mais humildes.[6] Talvez Wesley tivesse refletido sobre a crescente desilusão da Inglaterra com os poderes da razão e do Iluminismo nas últimas décadas do século XVIII. Ou talvez as próprias reflexões maduras de Wesley sobre a crença religiosa desejassem uma declaração pública mais equilibrada que evitasse as posições extremas que ele tentara evitar ao longo de sua vida.

Conhecimento religioso

No contexto da Europa do século XVIII, o Iluminismo estava em pleno andamento, e Wesley era conhecedor das questões intelectuais da época. Por um lado, sua compreensão do conhecimento religioso se assemelhava mais à tradição intuitiva do platonismo cristão, que enfatizava o conhecimento inato ou intuitivo do divino, ou se assemelhava mais à tradição experimental do aristotelismo cristão, que enfatizava o conhecimento experiencial do divino? Embora estudiosos wesleyanos ainda debatam essa questão filosófica, creio que Wesley se inspirou mais em cristãos de orientação aristotélica, como, por exemplo, John Locke, para sua compreensão do conhecimento religioso. Embora Wesley falasse sobre sentidos espirituais que pareciam fornecer conhecimento intuitivo, ele utilizava principalmente as categorias de sentido, experiência e experimentação em geral, e conhecimento religioso em particular.

Vejamos, por exemplo, como Locke via várias afirmações religiosas sobre a existência de Deus e sobre a ressurreição dos mortos. Algumas afirmações religiosas são de acordo com a razão e não devem ser contrárias a ela, como, por exemplo, a existência de um Deus. Outras afirmações religiosas podem estar acima da razão, visto que Deus nos revelou verdade suficiente, embora não toda a verdade sobre questões divinas. Locke disse:

1. Segundo a razão, são proposições cuja verdade podemos descobrir examinando e rastreando as ideias que temos por meio da sensação e da reflexão; e que, por dedução natural, consideramos verdadeiras ou prováveis. 2. Acima da razão, são proposições cuja verdade ou probabilidade não podemos derivar racionalmente desses princípios. 3. Contrárias à razão, são proposições inconsistentes ou irreconciliáveis com nossas ideias claras e distintas. Assim, a existência de um Deus está de acordo com a razão; a existência de mais de um Deus é contrária à razão; a ressurreição dos mortos, acima da razão. [7]

Locke contava com a razão para realizar muito dentro de sua esfera de influência. Wesley ficou impressionado e alinhou grande parte de seu próprio pensamento com a visão de mundo epistemológica de Locke, característica do empirismo britânico.

Em relação à teologia natural (também conhecida como revelação geral) de Deus, Wesley afirmou que não temos ideias inatas. Ele argumentou, em vez disso, que possuímos conhecimento experiencialmente relacionado de que Deus existe. Wesley disse:

> Se de fato Deus tivesse gravado (como alguns sustentam) uma ideia de si mesmo em cada alma humana, certamente teríamos compreendido algo destes, bem como de seus outros atributos; pois não podemos supor que ele nos teria gravado uma ideia falsa ou imperfeita de si mesmo. Mas a verdade é que nenhum homem jamais encontrou, ou encontra agora, qualquer ideia semelhante gravada em sua alma. O pouco que sabemos de Deus (exceto o que recebemos pela inspiração do Santo) não o adquirimos de uma impressão interior, mas gradualmente adquirimos de fora. "As coisas invisíveis de Deus", se são conhecidas, "são conhecidas pelas coisas que foram criadas"; não pelo que Deus escreveu em nossos corações, mas pelo que ele escreveu em todas as suas obras.[8]

Wesley acreditava que inferimos ou deduzimos do mundo criado um conhecimento da existência de Deus, comparável às afirmações do salmista sobre o conhecimento religioso (Salmo 19:1-2). Utilizando variações dos argumentos cosmológicos e teleológicos, como os de John Locke, Peter Browne e da tradição católica, Wesley acreditava que o mundo e sua ordem

— sua ampla indicação de design — evidenciavam a existência de Deus.

Ele argumentou que "toda a criação fala da existência de um Deus",[9] e "juntamente com a sua existência, todos os seus atributos ou perfeições; a sua eternidade... a sua onipresença; a sua onipotência... a sua sabedoria, [são] claramente deduzidos das coisas que se veem, da ordem divina do universo".[10] Ele sustentou que temos conhecimento da existência de Deus tão certamente quanto sabemos que nós mesmos existimos. Wesley disse:

Mas a tudo o que é ou pode ser dito da onipresença de Deus, o mundo tem uma grande objeção: eles não podem vê-lo. E esta é realmente a raiz de todas as suas outras objeções. Isto nosso bendito Senhor observou há muito tempo: "A quem o mundo não pode receber, porque não o vê". Mas não é fácil responder: "Você pode ver o vento?" Você não pode. Mas você, portanto, nega sua existência ou sua presença? Você diz: "Não; pois posso percebê-lo com meus outros sentidos". Mas por qual dos seus sentidos você percebe sua alma? Certamente você não nega nem a existência nem a presença disto! E, no entanto, não é o objeto da sua visão, nem de nenhum dos seus outros sentidos. Basta, então, considerar que Deus é um Espírito, assim como a sua alma também. Consequentemente, "a ele ninguém viu, nem pode ver", com olhos de carne e osso.[11]

Assim como Locke, Wesley postulou a existência de Deus de forma análoga à defesa da autoexistência, embora Wesley tenha utilizado uma argumentação menos formal. Pode-se interpretar Wesley argumentando mais do ponto de vista do senso comum, uma interpretação que coincide com sua intenção de falar "a verdade pura e simples para pessoas comuns" e de se abster "de todas as especulações filosóficas e agradáveis".[12]

Wesley acreditava que, além de reconhecer a existência de Deus, as pessoas podem inferir conhecimento da criação a respeito da imoralidade humana, de um estado futuro e do julgamento. Wesley não via nenhuma ameaça à revelação bíblica ou à ortodoxia nessa visão, como poderiam protestar os críticos da teologia natural clássica. Ele não permitiu que a teologia natural clássica absorvesse ou desviasse a atenção das riquezas da revelação divina, conforme encontradas nas Escrituras.

Sentindo Deus

Wesley falava da fé como um "sentido espiritual", dado somente por Deus, mas também descrevia o "homem natural" como estando em "um estado de... sono profundo; seus sentidos espirituais não estão despertos: eles não discernem nem o bem nem o mal espiritual".[13] Wesley provavelmente não concebia essa questão em categorias de "ou/ou". Para ele, tais questões se resolviam em uma visão de mundo "tanto/quanto" que implica uma compreensão sinérgica de como Deus inicia os encontros com as pessoas e como as pessoas devem responder à iniciativa de Deus. Assim, nossa sensação ou sentimentos de estar interiormente consciente de Deus possuem qualidades transcendentes, bem como qualidades comportamentais, que podem ser observadas.

Certamente Wesley teria enfatizado a dimensão transcendente, ainda que objetiva, do nosso encontro com Deus. Mas ele não teria negado que tais encontros têm efeitos psicológicos, subjetivos e outros efeitos contextuais na vida do crente. Afinal, os encontros com Deus ocorrem em um contexto que é impactado por uma série de influências biológicas, comportamentais e culturais.

Wesley concebia o "homem natural" (ou pessoas naturais) como sempre possuindo algum tipo de graça preventiva ou preveniente.[14] Por exemplo, Wesley se referia à consciência da humanidade — que todas as pessoas possuem, sejam cristãs ou não — como uma manifestação da graça preveniente de Deus.[15] Mas como uma pessoa natural pode ser verdadeiramente chamada de natural se tal pessoa está sempre de posse da graça divina? Em certo sentido, podemos dizer que, para Wesley, existia teoricamente o conceito de uma pessoa "natural", mas empiricamente não existia nenhuma pessoa puramente natural.[16] Isso ocorre porque todas as pessoas experimentam a presença da graça divina de Deus — por exemplo, como consciência, independentemente de terem se tornado cristãs ou não. Wesley ainda fazia uma distinção entre uma pessoa natural e uma pessoa espiritual, mas a pessoa natural não era considerada como tendo perdido completamente a obra da graça de Deus em sua vida. Por meio do Espírito Santo, Deus estava sempre trabalhando preventivamente na vida das pessoas, para que elas tivessem uma presença constante que as confortasse, guiasse e capacitasse, à medida que respondessem sinergicamente em cooperação com a graça de Deus.

Uma consequência importante de tudo isso para Wesley foi que ninguém permanece sem desculpa em relação ao seu pecado. Todas as pessoas experimentam a convicção do pecado devido à obra preveniente da graça de Deus em suas vidas, em suas consciências. Apesar da queda da humanidade no pecado e da mancha do pecado que ocorreu, Deus permite às pessoas liberdade suficiente para aceitar ou rejeitar a iniciação de Deus em suas vidas. Assim, Wesley argumentou que todas as pessoas conhecem "Algumas grandes verdades, como a existência de Deus e a diferença entre o bem e o mal moral", porque Deus "em certa medida 'iluminou todos os que vêm ao mundo'", e o conhecimento delas é confirmado pelos "vestígios delas [grandes verdades]... encontrados em todas as nações".[17]

Assim, os crentes cristãos podem perceber ou experimentar uma distinta "impressão" divina (e subsequente garantia) de "estar em favor de Deus".[18] Wesley não insistiu em usar o termo impressão e expressou sua esperança de que alguém pudesse "encontrar um [termo] melhor; seja 'descoberta', 'manifestação', 'senso profundo' ou o que quer que seja".[19] Ele não estava preocupado em resolver filosoficamente ou teologicamente todas as questões concebíveis envolvidas na articulação de como Deus imprime a verdade nas pessoas.

Limitações da Razão

Wesley apelou à razão o máximo possível, mas percebeu que ela tinha suas limitações. Essas limitações foram reconhecidas mais explicitamente nas obras posteriores de Wesley do que no início de sua vida e ministério. Sem dúvida, os abusos do racionalismo (por exemplo, o raciocínio) entre seus contemporâneos do Iluminismo e entre os próprios metodistas levaram Wesley a esclarecer alguns limites da razão. Já observei que, durante seus anos pré-Aldersgate, Wesley argumentou: "A fé é uma espécie de crença, e crença é definida como 'um assentimento a uma proposição com base em fundamentos racionais'. Sem fundamentos racionais, portanto, não há crença e, consequentemente, não há fé."[20] Após o início do reavivamento, Wesley ainda afirmava com confiança a razão como uma autoridade religiosa nos Apelos. Embora a razão nunca produza fé, Wesley a considerava capaz de regular a vida de fé. No entanto, ele criticou progressivamente aqueles que, em sua opinião, tinham visões impróprias e excessivas da autoridade da razão.

Por exemplo, Wesley citou repetidamente problemas com o racionalismo deísta, que ele considerava uma aberração da verdadeira razão. Na década de 1750, Wesley reconheceu e abordou ainda outros pontos de vista que, em sua opinião, superestimavam a razão. Na década de 1780, quando Wesley escreveu os sermões intitulados "O Caso da Razão Considerada Imparcialmente" e "A Imperfeição do Conhecimento Humano", ele ainda afirmava o papel contínuo da razão na teologia, mas alertava claramente contra seus abusos. Wesley disse:

> Deixe a razão fazer tudo o que puder; empregue-a até onde for possível. Mas, ao mesmo tempo, reconheça que ela é totalmente incapaz de proporcionar fé, esperança ou amor; e, consequentemente, de produzir virtude real ou felicidade substancial. Espere isso de uma fonte

superior, sim, do Pai dos espíritos de toda a carne.[21]

A razão permaneceu essencial para toda a tarefa teológica de Wesley, mas ninguém a considerava suficiente para conhecer a verdade divina. Mesmo no que diz respeito à existência de Deus, que Wesley acreditava que todos os seres humanos inferem da criação, não podemos demonstrar a existência de Deus de forma definitiva, além de qualquer dúvida, nem podemos buscá-Lo com perfeição. Para compreender a unidade e a infinitude de Deus, devemos, em última análise, confiar no conhecimento de Deus conforme revelado nas Escrituras.

A verdadeira razão conhece seus limites. Ao reconhecer as limitações da razão, aprendemos mais sobre humildade e fé (e confiança pessoal) em Deus. Em última análise, precisamos da fé para proporcionar compreensão suficiente daquilo que tem significado eterno, isto é, do conhecimento que nos conduz a Deus e à salvação. Para Wesley, a fé ainda representava o grande fato do conhecimento a respeito de Deus e de todas as coisas pertinentes à nossa salvação. No entanto, a fé também representava a maneira ou o meio do processo de conhecimento.

Em certo sentido, Wesley concebia a fé como um meio ou processo de conhecimento que, em si mesmo, constituía conhecimento. A fé pode, então, ser entendida e comunicada racionalmente, da mesma forma que entendemos e comunicamos outros conhecimentos, embora possamos não compreender plenamente toda a dinâmica da fé e da confiança pessoal em Deus. Mas, por outro lado, Wesley considerava que nenhuma filosofia continha conhecimento completo e final, devido à finitude da situação humana, sem mencionar as distorções causadas pelo pecado. Ele queria, especialmente, evitar o pensamento reducionista, que tenta resolver questões epistemológicas apenas com a razão. Em vez disso, Wesley pensava que a Escritura, a tradição e a experiência, juntamente com a razão, são freios e contrapesos necessários para uma religião verdadeira, escriturística e experimental.

Questões para Discussão

De que maneiras Wesley acreditava que fé e razão são complementares? Qual a importância da razão (por exemplo, lógica, pensamento crítico) para Wesley como autoridade religiosa?

Embora alguns estudiosos wesleyanos argumentem que Wesley afirmou o conhecimento inato ou intuitivo de Deus, por que é importante entender como ele pensava que a compreensão religiosa é mediada experimentalmente por meio de nossas mentes, corpos e experiências?

Wesley aceitou argumentos a favor da existência de Deus? Por que ele considerou que argumentos cosmológicos (por exemplo, causalidade) e teleológicos (por exemplo, design) eram convincentes?

O que Wesley quis dizer com sentir ou sentir Deus? Como a consciência da presença de Deus pode ser encorajadora? De que maneiras as sensações e os sentimentos espirituais podem ser enganosos, quando aceitos sem crítica? Como devemos discerni-los?

Por que a graça preveniente é importante para entender como Deus opera em e por meio de nossas vidas? O que significa para as pessoas responderem sinergicamente à graça de Deus, capacitando-as a aceitar (ou rejeitar) os tratos de Deus com elas?

De que maneiras Wesley falou sobre as limitações da razão? O que a razão não poderia realizar, segundo Wesley? Como a razão pode enganar os cristãos hoje?

Notas

[1]"To Dr. Rutherford," 28 March 1768, *Letters* (Telford ed.), 5:364.

[2]"An Earnest Appeal," §28, *Works* (Oxford ed.), 11:55.

[3]"To Joseph Benson," 5 October 1770, *Letters* (Telford ed.), 5:203.

[4]"The Nature of Enthusiasm" (1750, sermon 37), §26, *Works* (Bicentennial ed.), 2:55.

[5]"The Circumcision of the Heart" (1733, sermon 17), I.7, *Works* (Bicentennial ed.), 1:405. A definição de Wesley ainda reflete a compreensão racionalista da fé que Wesley havia defendido anteriormente em uma série de cartas com sua mãe. Veja as cartas de Wesley "To Mrs. Susanna Wesley," 29 July 1725 and 22 November 1725, *Works* (Oxford ed.), 25:173-76, 186-89.

[6]Outler, um comentário introdutório a "The Imperfection of Human Knowledge" (1784, sermon 69), *Works* (Bicentennial ed.), 2:568.

[7]John Locke, *Essay Concerning Human Understanding*, 2 vols., ed. Alexander Fraser (New York: Dover, 1894), 2:412-13.

[8]"The Imperfection of Human Knowledge" (1784, sermon 69), §4, *Works* (Bicentennial ed.), 2:571.

[9]"A Farther Appeal," III.21, *Works* (Oxford ed.), 11:268.

[10]"Upon our Lord's Sermon on the Mount, VI" (1748, sermon 26), III.7, *Works* (Bicentennial ed.), 1:580-81.

[11]"On the Omnipresence of God" (1788, sermon 118), II.8, *Works* (Jackson ed.), 7:242.

¹²Preface, §3, "Sermons on Several Occasions," *Works* (Bicentennial ed.), 1:104.

¹³"The Spirit of Bondage and of Adoption" (1746, sermon 9), I.1, *Works* (Bicentennial ed.), 1:251.

¹⁴Com relação à graça preveniente, veja "The Means of Grace" (1746, sermon 16), II.1, *Works* (Bicentennial ed.), 1:381; "Sermon on the Mount" (1748, sermon 23), III.8, *Works* (Bicentennial ed.), 1:526; "The Scripture Way of Salvation" (1765, sermon 43), I.2, *Works* (Bicentennial ed.), 2:156-157; and "On Working Out Our Own Salvation" (1785, sermon 85), II.1, and II.4, *Works* (Bicentennial ed.), 203-4, 207.

¹⁵Ver "On Conscience" (1788, sermon 105), *Works* (Bicentennial ed.), 3:479-90.

¹⁶Por exemplo, veja "The New Birth" (1760, sermon 45), II.4, *Works* (Bicentennial ed.), 2:192-3; and "On Living without God" (1790, sermon 130), §6, *Works* (Bicentennial ed.), 4:171.

¹⁷"On Working Out Our Own Salvation" (1785, sermon 85), III.4, *Works* (Bicentennial ed.), 3:199. Cf. "Walking by Sight and Walking by Faith" (1788, sermon 119), §§7-8, *Works* (Jackson ed.), 7:258.

¹⁸"To Joseph Benson," 21 May 1781, *Letters* (Telford ed.), 7:61.

¹⁹"To Joseph Benson," 21 May 1781, *Letters* (Telford ed.), 7:61.

²⁰"To Mrs. Susanna Wesley," 29 July 1725, *Works* (Oxford ed.), 25:175. Mitsuo Shimizu observa que Wesley evitou a posição extrema de tornar o cristianismo uma ciência: "Wesley constata: 'Eu havia cometido um erro ao aderir àquela definição de fé que o Dr. Fiddes estabelece como a única verdadeira' [*Letters*, 1:24]. A teoria do assentimento do Dr. Fiddes,

que 'abrange a ciência tanto quanto a fé', é 'apenas uma parte da definição' de fé, visto que a fé, diz Wesley, 'é em todos os aspectos admitida como distinta da ciência' [ibid., 1:25]. A fé como uma forma racional de conhecimento não pode ser provada tão clara e distintamente quanto a ciência. Isso leva Wesley a tomar a evidência das Escrituras, além daquela da razão, como fonte de verdades religiosas" (Mitsuo Shimizu, "Epistemology in the Thought of John Wesley" (Diss., Drew University, 1980), 17–18).

[21]"The Case of Reason Impartially Considered" (1781, sermon 70), II.10, *Works* (Bicentennial ed.), 2:600.

CAPÍTULO 9
EXPERIÊNCIA, PARTE 1:
AUTORIDADE RELIGIOSA GENUÍNA

Muitos consideram os insights de Wesley sobre a experiência como autoridade religiosa uma de suas maiores contribuições para o desenvolvimento da teologia cristã. Ele não pretendia ser teologicamente inovador, mas foi o primeiro a incorporar explicitamente em sua cosmovisão teológica a dimensão experiencial da fé cristã. Desde seus primeiros escritos teológicos, nos Sermões em Diversas Ocasiões, Wesley buscou "preservar aqueles que estão apenas voltando seus rostos para o céu (e que, tendo pouco conhecimento das coisas de Deus, são os mais propensos a se desviarem do caminho) da formalidade, da mera religião exterior, que quase expulsou a religião do coração do mundo".[1]

Wesley temia que alguns de seus seguidores metodistas, bem como outros cristãos, pudessem sucumbir a um tipo de ortodoxia espiritualmente morta, que não demonstrasse nada do poder vivo e da vitalidade de um relacionamento pessoal com Deus por meio de Jesus Cristo. Por exemplo, Wesley iniciou seu breve tratado intitulado "Reflexões sobre o Metodismo" com o seguinte parágrafo:

> Não temo que o povo chamado metodista deixe de existir, seja na Europa ou na América. Mas temo que eles continuem existindo apenas como uma

seita morta, tendo a forma de religião sem o poder. E isso, sem dúvida, acontecerá, a menos que se apeguem à doutrina, ao espírito e à disciplina com os quais se estabeleceram inicialmente.[2]

Temendo a ameaça de retornar a esse tipo recorrente de ortodoxia conceitualista (e potencialmente a uma escolástica rígida), Wesley buscou manter uma visão mais saudável e holística da dimensão experiencial da fé cristã. Ele não considerava isso uma inovação teológica. O poder confirmatório da experiência, argumentava ele, era essencial para a vida do verdadeiro crente. A verdade das Escrituras nascia na vida real. Mas, ao reconhecer um papel tão crucial para a experiência, particularmente a religiosa, Wesley acrescentou construtivamente a experiência como uma autoridade religiosa essencial à afirmação anglicana existente das Escrituras, da tradição e da razão.

Religião Experimental

Ao chamar sua abordagem da teologia de experimental, Wesley queria dizer, de modo geral, que a religião estava relacionada ou baseada na experiência — experiência que inclui mais do que apenas nossa compreensão conceitual das Escrituras e da tradição. É claro que a teologia não se baseia, então, principalmente na experiência; as Escrituras continuam sendo a fonte primária da autoridade religiosa. Mas a teologia deve ser fundamentada ou derivada da experimentação que testa todos os aspectos potenciais da autoridade religiosa, incluindo a experiência em geral e a experiência religiosa em particular.

Cada um de nós avalia, consciente ou inconscientemente, as evidências cumulativas a favor e contra a crença religiosa. Então, afirmamos ou rejeitamos, acreditamos ou desacreditamos naquilo que melhor coincide com as evidências. Embora possamos acreditar que tal decisão seja facilitada e até mesmo iniciada pela graça preveniente de Deus, permanece um elemento de envolvimento humano genuíno no ato de fé.

Wesley acreditava que as verdades das Escrituras são (ou serão escatologicamente) confirmadas na experiência. Consequentemente, devemos responder àquilo que Deus revelou historicamente por meio das Escrituras e, atualmente, por meio da obra do Espírito Santo. Embora o papel confirmatório da experiência pertença especialmente à certeza da salvação, ele também se aplica a outras verdades das Escrituras e às doutrinas do cristianismo ortodoxo.

Em Wesley, descobrimos que o desenvolvimento da teologia resultou de esforços realizados sob condições controladas com a intenção de descobrir as verdades da religião. As condições controladas, ou métodos experimentais, podem não ter sido concebidos sistematicamente ou empregados com rigor, mas estavam presentes e influenciaram poderosamente suas percepções religiosas e ministeriais. Wesley buscou conscientemente articular uma concepção de cristianismo que fosse razoável, dadas todas as evidências, mas não legitimada epistemologicamente pela razão ou pela experiência. Ao fazê-lo, ele se esforçou para não privar o cristianismo de sua vitalidade espiritual, fundamentada na revelação bíblica.

Após declarar sua intenção nos Sermões em Diversas Ocasiões de apresentar "a religião verdadeira, bíblica e experimental", Wesley alertou contra duas ameaças à religião do coração.[3] Já vimos como ambas as ameaças residem na tendência de superestimar a dimensão conceitual e formal da crença religiosa em detrimento da dimensão afetiva e vital da experiência cristã, que inclui um relacionamento pessoal, interativo e amoroso com Deus.

Conhecimento empírico e experiencial

O estudo experimental da religião lida com conhecimento que é tanto empírico (no sentido de publicamente observável) quanto experiencial (no sentido de privadamente observável). Embora essas categorias não sejam utilizadas por Wesley, elas ajudam a ilustrar a sutileza de sua teologia da experiência.[4]

O conhecimento empírico é aquele fundamentado na experiência, observação, fatos, sensações, percepções, práticas, situações concretas e eventos reais. É um conhecimento a posteriori, derivado da experiência sensorial e geralmente passível de avaliação pública. Um exemplo de conhecimento empírico são os argumentos da teologia natural clássica a favor da existência de Deus. Inclui também testemunhos e relatos de milagres de cristãos, do passado e do presente. Esses exemplos referem-se a experiências em que não ocorre nenhum sentido ou impressão direta da presença de Deus, ou pelo menos em que a intensidade da consciência de Deus tende a ser menos acentuada. No entanto, servem como evidência potencial para argumentos de casos cumulativos em favor da razoabilidade da crença cristã.

O conhecimento experiencial baseia-se em compreensão, insights ou informações que derivam de experiências sensoriais pessoais ou interpessoais. Ele contrasta com a experiência empírica, que se baseia na sensação, percepção ou observação dos tipos de experiências que as pessoas compartilham. O conhecimento experiencial deriva da introspecção, autoanálise, estados de consciência privados e outros meios. No entanto, não é o mesmo que o conhecimento a priori, que é derivado da razão sem referência à experiência sensorial.[5] Em vez disso, da perspectiva de Wesley, o conhecimento experiencial está inextricavelmente ligado à experiência sensorial, mas não aos tipos de experiências empíricas que fornecem conhecimento facilmente passível de comunicação e avaliação públicas.

Experiências pessoais são difíceis de comunicar e avaliar publicamente porque são tão individualistas que impedem que outros compreendam plenamente seu significado. Elas tendem a ser significativas apenas para a pessoa ou pessoas que as vivenciam. Por exemplo, nem sempre é possível articular por que você ama alguém e odeia outra pessoa, ou por que age de uma maneira e não de outra. Essas dificuldades são especialmente verdadeiras no que diz respeito a experiências religiosas nas quais pode ocorrer uma consciência ou impressão direta de Deus — aquele ser pessoal cuja própria existência transcende nossa capacidade de verificar apenas a partir da experiência empírica.

Hoje em dia, falamos sobre a natureza contextual do conhecimento humano e como o que sabemos é influenciado por nossa situação, isto é, nossa situação pessoal e sociocultural. Situação inclui muitas dimensões possíveis: raça, etnia, sexo, classe, cultura, língua e política. Pode também incluir dimensões psicológicas com as quais Wesley não estava familiarizado no século XVIII, por exemplo, psicologia, psicanálise e assim por diante. Todas essas dimensões impactam potencialmente a compreensão de uma pessoa sobre dados empíricos, bem como experienciais. Embora Wesley não compartilhasse nossa visão contemporânea do conhecimento humano, ele estava ciente dos desafios de pensar e falar sobre questões espirituais e transcendentes em um mundo físico e finito.

Embora o processo de conhecimento envolva a participação pessoal de quem conhece, ele não é puramente psicológico ou subjetivo, pois entramos genuinamente em contato com realidades objetivas, ainda que às vezes veladas. Nesse sentido, Richard Brantley argumenta que Wesley:

> a analogia da proporcionalidade [entre os sentidos físicos e espirituais] ajudou Wesley a pensar que o que é sentido é um substituto teologicamente satisfatório para o que é visto filosoficamente — que, assim como o intelecto permanece convencido do que os sentidos têm a dizer, o intelecto confia que a emoção não é ilusória, mas espiritualmente verídica, ou seja, corresponde a um fato religioso.[6]

Assim, Wesley acreditava que os cristãos podem, de fato, experimentar certos encontros experienciais com Deus e a salvação de Deus para a vida de alguém.

Wesley percebeu a dificuldade em articular como os cristãos afirmam ter conhecimento experiencial de Deus e das verdades espirituais relativas à salvação de Deus. Embora geralmente não se sentisse compelido a se envolver em especulações filosóficas, Wesley tentou fornecer uma explicação para seu apelo ao conhecimento experiencial. Essa explicação surgiu durante os primeiros anos do avivamento metodista, principalmente em "Um Apelo Sincero", "Um Apelo Distante" e em escritos subsequentes que refutavam as críticas ao seu uso da experiência como autoridade religiosa. Já vimos como Wesley desenvolveu suas ideias seguindo as linhas da lógica aristotélica e da filosofia lockeana, e como Peter Browne — um contemporâneo de Wesley — ampliou o método de experimentação para incluir dimensões da experiência religiosa, transcendentes aos dados sensoriais empíricos. [7]

Em "Um Apelo Sincero", descobrimos como Wesley desenvolveu as ideias de Browne em sua analogia entre os sentidos naturais e espirituais. Acreditava-se que esses sentidos forneciam às pessoas dados ou ideias suficientes para raciocinar e chegar a conclusões verdadeiras sobre "as coisas de Deus".[8] Os sentidos naturais percebem dados empíricos que fornecem ideias sobre o mundo físico. Nesse sentido, a concepção de Wesley sobre os sentidos naturais funcionava da mesma forma que Locke estabeleceu sua filosofia do conhecimento empírico.

Da mesma forma, os sentidos espirituais percebem dados experienciais de natureza religiosa que fornecem ideias sobre o mundo espiritual. Nesse sentido, Wesley acreditava fazer justiça não apenas às passagens das Escrituras que tratam da visão e da audição espirituais (por exemplo, Efésios 1:18; cf. Hebreus 3:7, 15, 11:27), mas também aos avanços científicos e filosóficos contemporâneos na teoria do conhecimento. Wesley, de fato, considerava-se mais indutivo por ter levado em consideração experiências não empíricas comumente reconhecidas que contribuem para a compreensão religiosa. Infelizmente, os sentidos espirituais que Deus criou nas pessoas tornaram-se distorcidos, segundo Wesley, devido à ocorrência do pecado. Sem "a evidência das coisas não vistas",[9] Wesley pensava que ninguém poderia esperar raciocinar adequadamente sobre coisas pertencentes a Deus. Resumindo suas visões sobre o tema dos sentidos naturais e espirituais, Wesley disse:

> Você sabe, da mesma forma, que antes que seja possível formar um julgamento verdadeiro sobre elas, é absolutamente necessário que você tenha uma compreensão clara das coisas de Deus e que suas ideias sobre elas sejam todas fixas, distintas e determinadas. E visto que nossas ideias não são inatas, mas devem vir originalmente de nossos sentidos — é certamente necessário que você tenha sentidos capazes de discernir objetos disto — não apenas aqueles que são chamados de "sentidos naturais", que nesse aspecto não se beneficiam de nada, por serem totalmente incapazes de discernir objetos de natureza espiritual, mas sentidos espirituais, exercitados para discernir o bem e o mal espirituais. É necessário que você tenha o ouvido que ouve e o olho que vê, enfaticamente assim chamados; que você tenha uma nova classe de sentidos aberta em sua alma, não dependendo de órgãos de carne e osso, para ser "a evidência das

coisas não vistas" como seus sentidos corporais o são das coisas visíveis, para ser as avenidas para o mundo invisível, para discernir objetos espirituais e para lhe fornecer ideias daquilo que o olho exterior "não viu, nem o ouvido ouviu".[10]

Wesley acreditava que Deus provê graça preventivamente a todas as pessoas para que elas possam ter o tipo de fé que ativa e facilita nossos sentidos espirituais de ouvir, ver e sentir Deus. Assim, da perspectiva de Wesley, a fé não apenas purifica as pessoas da culpa do pecado, mas também as ajuda a renovar sua compreensão sobre as coisas de Deus.

Experiência Cristã

Embora seu conceito de fé fosse complementar à razão, Wesley acreditava que a fé se baseia na evidência da experiência religiosa e não é uma questão apenas da razão. Ao afirmar a dimensão experiencial da fé religiosa, Wesley acreditava que evitaria tendências racionalistas recorrentes da religião formal e dogmática.

Wesley também procurou evitar o conceito de fé no outro extremo, como uma espécie de misticismo, ou "entusiasmo", do qual às vezes era acusado. Ele não gostava de experiências religiosas exóticas. Temia pessoas que supervalorizavam os sentimentos, razão pela qual dedicou um sermão inteiro ao tema "A Natureza do Entusiasmo". Mas ele viu que, apesar de alguns excessos nos relatos que as pessoas faziam sobre suas experiências com Deus, permanecia uma inevitável variabilidade (ou situacionalidade) nas operações do Espírito Santo nas pessoas. Portanto, o teste para saber se um testemunho é verdadeiro ou falso não deve ser apenas o sentimento. A maneira apropriada de "testar os espíritos" (por exemplo, 1 João 4:1) deve incluir critérios extraídos das Escrituras, da tradição e da razão, bem como da experiência.

O conceito de fé de Wesley reflete vários elementos de outras tradições: primeiro, a ênfase católica histórica na afirmação intelectual (*assensus*) do conteúdo das crenças ortodoxas clássicas, que inclui as Escrituras; segundo, o conceito da Reforma de confiança pessoal (*fiducia*); e terceiro, um elemento dinâmico e sinérgico que inclui um lugar para a iniciativa de Deus em conceder a fé e para a responsabilidade das pessoas em raciocinar com justiça e agir com fidelidade. Essa compreensão da fé aparece em uma carta que Wesley escreveu a "John Smith". Wesley disse:

> Creio que (1) um assentimento racional à verdade da Bíblia é um ingrediente da fé cristã. (2) Que a fé cristã é uma virtude moral no sentido em que a esperança e a caridade se encontram. (3) Que os homens devem dedicar a máxima atenção e diligência para alcançá-la. E, ainda assim, (4) que esta, como toda graça cristã, é propriamente sobrenatural, é um dom imediato de Deus, que Ele comumente concede no uso dos meios que Ele ordenou.[11]

Deus opera preventivamente na vida das pessoas em geral, e dos cristãos em particular, capacitando-os a cooperar com o Espírito de Deus na edificação da fé, da esperança e do amor. Assim, todo cristão pode experimentar uma sensação de segurança quanto ao seu relacionamento pessoal com Deus e à salvação que Ele oferece para sua vida.

E quanto à confiabilidade dos testemunhos de fé prestados por outros? Podemos ter o mesmo senso de certeza em relação aos seus relatos de fé? Mitsuo Shimizu observa que Wesley não sugeria certeza infalível ao julgar o testemunho de outros, mas comumente defendia a verdade do cristianismo e das crenças cristãs com base nas experiências de fé descritas por eles. Embora não possamos discernir a veracidade de seus testemunhos com certeza, podemos ter razoável segurança do que dizem após examinar a consistência de seus testemunhos e a qualidade de vida resultante, expressa em suas atitudes e ações. Se o testemunho de uma pessoa for investigado experimentalmente e suficientemente verificado de acordo com as Escrituras, a contribuição da igreja e o pensamento crítico, então é sensato julgar tais testemunhos como verdadeiros e dignos de consideração como evidência da verdade do cristianismo.

Questões para Discussão

Em que sentido Wesley considerava a experiência uma autoridade religiosa? Como essa autoridade se relaciona com a autoridade primária das Escrituras? Com a Tradição? Com a Razão?

É útil distinguir entre dados empíricos (por exemplo, ciência, ciências comportamentais) e dados experienciais (por exemplo, experiências pessoais e religiosas)? Embora ambas as distinções forneçam informações, como cada uma deve ser avaliada em termos de confiabilidade e aplicabilidade?

Assim como Wesley tentou equilibrar o que pode ser aprendido sobre o mundo empírico com o que pode ser aprendido sobre o mundo espiritual, como você mantém esse equilíbrio hoje? Você acha que é mais difícil ou mais fácil hoje em dia equilibrar as dimensões empírica e espiritual da vida?

Em que medida você acha que as Escrituras falam sobre sentidos espirituais? De que maneiras é útil (ou não) falar sobre ter sentidos espirituais?

Como os cristãos devem encarar os testemunhos de pessoas sobre encontros pessoais com Deus, ou sobre as alegações de que Deus lhes falou? Embora Wesley acreditasse na presença e na obra do Espírito Santo, como ele nos alertaria sobre aceitar o que as pessoas dizem como verdade absoluta? Como os cristãos devem discernir tais questões espirituais?

Você se impressiona com a abertura de Wesley a testemunhas cristãs de experiências religiosas fora de sua tradição protestante? Quais são os cristãos com quem você poderia aprender, que não fazem parte da sua formação religiosa?

Notas

[1]Preface, §6, "Sermons on Several Occasions," *Works* (Bicentennial ed.), 1:106.

[2]"Thoughts upon Methodism," *Works* (Jackson ed.), 13:258.

[3]Preface, §6 "Sermons on Several Occasions," *Works* (Bicentennial ed.), 1:106. As duas ameaças eram "fora da religião, que quase expulsou do mundo a religião do coração; e, em segundo lugar, para alertar aqueles que conhecem a religião do coração, a fé que opera pelo amor, para que em nenhum momento anulem a lei pela fé, e assim caiam novamente na armadilha do diabo".

[4]O uso dessas categorias não deve ser visto como uma projeção de um dualismo desnecessário sobre Wesley. Ele não distinguia claramente entre os vários tipos de experiência, o que gera confusão na compreensão de sua teologia. No entanto, parece haver uma distinção implícita entre as dimensões empírica e experiencial da experiência em seus escritos. Para fins de análise, a distinção ajudará a esclarecer aspectos de sua teologia.

[5]Alguns se referem ao conhecimento *a priori* como conhecimento nocional, isto é, conhecimento abstrato e não experiencial. O conhecimento nocional contrasta com o conhecimento empírico e experiencial, que envolvem graus variados de participação pessoal no processo de conhecimento. O conhecimento empírico envolve experiências pessoais que são relativamente fáceis de comunicar, enquanto o conhecimento experiencial envolve aquelas que são

relativamente difíceis de comunicar, se de fato for realmente possível comunicar experiências pessoais.

[6]Richard E. Brantley, *Locke, Wesley, and the Method of English Romanticism* (Gainesville, FL: University of Florida Press, 1984), 46.

[7] A influência de Locke na teologia de Wesley foi estimulada e ampliada pelos escritos de Peter Browne. Wesley estudou *Procedure, Extent, and Limits of Human Knowledge* (1728), e posteriormente o resumiu em sua obra multivolume *Natural Philosophy*. Veja Clifford Hindley, "The Philosophy of Enthusiasm: A Study in the Origins of 'Experimental Theology,'" *London Quarterly and Holborn Review* 182 (1957): 108, cf. 99-109. Cf. Brantley, 30, cf. 27-102.

[8]Ver "An Earnest Appeal," §31, *Works* (Bicentennial ed.), 11:56: "Portanto, não apenas permitimos, mas exortamos veementemente todos os que buscam a religião verdadeira a usar toda a razão que Deus lhes deu para pesquisar as coisas de Deus. Mas o seu raciocínio justo, não apenas sobre este assunto, mas sobre qualquer outro, pressupõe julgamentos verdadeiros já formados nos quais fundamentar a sua argumentação. Caso contrário, você sabe, tropeçará a cada passo, porque *ex falso non sequitur verum* — é impossível, se as suas premissas forem falsas, inferir delas conclusões verdadeiras."

[9]Wesley frequentemente citava este versículo de Hebreus 11:1. Por duas vezes, serviu como a passagem principal das Escrituras em seus sermões sermons "On the Discoveries of Faith" (1788, sermon 117), *Works* (Bicentennial ed.), 4:29, and "On Faith, Heb. 11:1" (1788, sermon 132), *Works* (Bicentennial ed.), 4:188.

[10]"An Earnest Appeal," §32, *Works* (Oxford ed.), 11:56–57.

[11]"To 'John Smith'," 28 September 1745, III.11, *Works* (Oxford ed.), 26:157.

CAPÍTULO 10
EXPERIÊNCIA, PARTE 2:
TIPOS DE EXPERIÊNCIA

Wesley discutiu a experiência de diversas maneiras: social e pessoal, física e espiritual. Suas discussões ocorreram muito antes de as ciências modernas e as ciências comportamentais começarem a reconhecer a pesquisa sobre os tópicos da experiência humana, por exemplo, psicologia, sociologia, antropologia e assim por diante. Elas existiam em um estágio inicial, mas Wesley não se beneficiou de suas pesquisas. Tampouco teve os desafios das interpretações reducionistas da vida humana, cultura e religião — explicando-as com base na ciência. Muito provavelmente, Wesley teria resistido a tal pensamento reducionista, acreditando que a verdade da vida e da religião exigia mais do que a experiência; exigia as Escrituras, juntamente com a tradição e a razão da Igreja.

Wesley abriu caminho, teologicamente falando, na inclusão contextual da experiência na determinação das crenças, valores e práticas cristãs. A linguagem que ele às vezes usava era a de experiências externas e internas. É um bom — ainda que modesto — ponto de partida para apresentar a compreensão e a apreciação de Wesley da experiência como autoridade religiosa. Portanto, iniciarei minha discussão sobre os diferentes tipos de experiência com essa distinção de Wesley. Também falarei sobre seu reconhecimento das limitações da experiência. Embora Wesley considerasse a experiência uma autoridade religiosa genuína, ele sabia que ela tinha limitações e, portanto, a experiência permaneceu secundária — juntamente com a tradição e a razão — à autoridade religiosa primária das Escrituras.

Experiências externas

Wesley afirmou os argumentos da teologia natural clássica em relação às provas da existência de Deus. Ele acreditava que dados empíricos forneciam evidências persuasivas da existência de Deus. Por exemplo, Wesley recorreu a variações dos argumentos cosmológicos e teleológicos em seus escritos. Em *A Farther Appeal to Men of Reason and Religion*, ele sugeriu formas de argumentação cosmológica afirmando que a existência de Deus é demonstrada por evidências encontradas no mundo e em suas criaturas.

Em outro lugar, Wesley falou ousadamente a respeito da revelação geral que temos de Deus por meio do conhecimento derivado dos sentidos naturais. Ele apelou para uma variação do argumento teleológico quando disse que "juntamente com seus [de Deus] atributos ou perfeições; Sua eternidade... — Sua onipresença; Sua onipotência...; — Sua sabedoria, [são] claramente deduzidos das coisas que são vistas, da boa ordem do universo".[1] A ordem do universo — seu desígnio discernível — evidenciava a existência de Deus.

Wesley também acreditava em eventos extraordinários ou milagrosos como evidência da verdade do cristianismo. Esses argumentos são variações do argumento teleológico (isto é, o argumento do desígnio), pois apontam para dados ou experiências que, segundo Wesley, requerem uma causa inteligente para sua explicação. Por exemplo, ele considerava os milagres de Jesus — especialmente a ressurreição — como sinais demonstrativos da messianidade divina de Jesus e da derivação sobrenatural das verdades que ele proclamava.[2]

Embora aceitasse milagres como autoridade religiosa em certos assuntos, Wesley não os aceitava de forma aleatória para todos os aspectos da fé e prática cristãs. Ele exigia que os apelos a milagres fossem cuidadosamente considerados e que os relatos de milagres fossem investigados minuciosamente — assim como qualquer outra autoridade religiosa precisa ser analisada racional e experimentalmente. Tais eventos extraordinários precisam ser avaliados e correlacionados em relação às Escrituras, à tradição e à razão como uma série de freios e contrapesos epistemológicos. Por exemplo, quando solicitado a apresentar credenciais milagrosas em nome de seu ministério, Wesley respondeu:

> O que você gostaria que provássemos por milagres? Que as doutrinas que pregamos são verdadeiras? Esta não é a maneira de provar isso. (Como nossos primeiros reformadores responderam aos da Igreja de Roma, que, você provavelmente se lembra, os instavam continuamente com essa mesma exigência.) Provamos as doutrinas que pregamos pelas Escrituras e pela razão e, se necessário, pela antiguidade.[3]

Wesley deixou claro que alguns aspectos da crença religiosa não devem ser decididos com base em milagres, e certamente não apenas com base em alegações de milagres, assim como Jesus se recusou a realizar sinais milagrosos para as multidões descrentes (Mt 12:38-41). Wesley disse: "Portanto, é totalmente irracional e absurdo exigir ou esperar a prova de milagres em questões ou questões desse tipo que são sempre decididas por provas de natureza completamente diferente."[4]

Wesley reconheceu um lugar para eventos extraordinários ou milagrosos na compreensão das crenças religiosas, mas estes funcionavam mais como confirmação de verdades razoavelmente estabelecidas principalmente pelas Escrituras. No entanto, a confirmação de tais experiências religiosas era parte relevante de uma metodologia inteiramente experimental e não deveria ser negligenciada como parte de uma cosmovisão antiga e supersticiosa. Uma metodologia verdadeiramente experimental não desprezará relatos de milagres simplesmente porque ofendem as predileções científicas modernas. Em vez disso, deve-se permanecer o mais objetivo possível, estando metodologicamente aberto a investigações suficientemente abrangentes para avaliar a confiabilidade de supostos milagres, tanto do passado quanto do presente.

Experiências Interiores

Passamos agora do conhecimento mais empiricamente orientado, observável e aberto à avaliação, para um conhecimento mais experiencialmente orientado, em minha descrição de Wesley, que desempenhou um papel crucial na compreensão experimental da religião por Wesley. O conhecimento experiencial compreende experiências que proporcionam uma percepção ou impressão direta de Deus, que não é tão aberta à observação e à avaliação. Esse tipo de experiência — mais especificamente a experiência religiosa — dá à pessoa um senso de compreensão ou insight que é mais provavelmente avaliado por meio da introspecção, da autoanálise ou de estados de consciência privados, considerados instrutivos por meio da pessoa e da obra do Espírito Santo.

Embora tais experiências exijam a participação pessoal do conhecedor em atos de compreensão, elas não necessariamente tornam essa compreensão subjetiva. Tampouco devem ser entendidas racionalmente como ideias inatas ou intuitivas, o que Wesley rejeitou. Ao contrário, atos de compreensão exigem algum grau de envolvimento pessoal no processo de conhecimento; é um aspecto contextual do conhecimento humano. Segundo Wesley, as experiências religiosas não são uma experiência arbitrária nem passiva, mas um ato responsável da parte de uma pessoa, possibilitado por Deus por meio da graça preveniente. O conhecimento derivado de um encontro pessoal e experiencial com Deus é objetivo no sentido de estabelecer contato com uma realidade real, embora oculta. De acordo com Wesley, a plenitude da realidade de Deus e da salvação de Deus está oculta aos nossos sentidos naturais, embora não aos nossos sentidos espirituais. Tais sentidos foram criados em nós por Deus e agora podem ser reativados por sua graça para neutralizar a distorção desses sentidos espirituais, devido à finitude humana e aos efeitos do pecado. Com o conhecimento experiencial adquirido por meio do nosso contato com Deus, o potencial para descobrir futuras percepções religiosas — talvez inconcebíveis para nós agora — é ilimitado. Tal investigação espiritual não é uma obra ou mérito de origem humana; em vez disso, representa a cooperação sinérgica das pessoas com a graça preveniente de Deus, possibilitada pela presença e obra contínuas do Espírito Santo.

Vários exemplos poderiam ser usados para demonstrar o papel teológico da experiência. Serão estudados dois, especialmente importantes para Wesley: a conversão e a certeza da salvação.

Conversão

As conversões ocorrem de inúmeras maneiras. Wesley estava acostumado a conversões que ocorriam ao longo do tempo, geralmente sob a tutela da igreja. Mas o conhecimento experiencial das conversões instantâneas das pessoas desafiava a compreensão teológica de Wesley.

O conhecimento experiencial funcionou com autoridade para Wesley, fornecendo amplo conhecimento para a compreensão religiosa. Por exemplo, ele discutiu com seu pai em uma carta sobre questões de santidade e declarou que "a experiência vale mil razões".[5] Mesmo antes de sua experiência em Aldersgate, Wesley exigia mais do que provas bíblicas para doutrinas, especialmente aquelas relacionadas à natureza instantânea da justificação pela fé. Em seu *Diário*, Wesley descreve como passou a crer na conversão instantânea. Ele duvidava que as conversões ocorressem instantaneamente, embora as Escrituras parecessem indicar que isso era verdade. A princípio, Wesley se apegou à experiência como uma defesa contra as Escrituras, mas não conseguiu resistir por muito tempo às "testemunhas vivas dela".[6] Ele conheceu pessoa após pessoa que experimentou instantaneamente o perdão e a certeza da salvação. Ele se tornou tão convencido e convicto de sua descrença que entregou totalmente sua vida a Deus e, subsequentemente, experimentou a reconfortante certeza da graciosa presença de Deus. Ele finalmente pôde dizer que tal salvação "é confirmada pela sua experiência e pela minha".[7]

Essas referências pessoais à experiência religiosa na vida de Wesley ilustram sua importância metodológica de longo prazo como autoridade religiosa. Elas o ajudaram a responder às necessidades teológicas imediatas de sua vida pessoal e ministério em prol dos outros. Metodologicamente, Wesley acreditava que não se podia dissociar a verdade espiritual da verdade experiencial. A experiência, entendida superficialmente, poderia ser enganosa, é claro, mas Wesley acreditava que a experiência, entendida verdadeiramente – com o auxílio de outras autoridades religiosas – confirmaria a verdade bíblica. Em certo sentido, Wesley considerava toda a verdade como a verdade de Deus e, portanto, é preciso estar aberto aos insights religiosos disponíveis por meio da experiência.

Certeza de Salvação

A conversão era, para Wesley, uma das duas principais maneiras pelas quais os crentes comumente experimentam uma consciência direta de Deus, sendo a outra a certeza da salvação. Wesley passou a vida analisando e delineando a ordem da salvação (*ordo salutis)*; mais de cem experiências específicas de conversão são descritas em seus sermões, diários e cartas.[8]

Em suas investigações, Wesley argumentou que há uma "variabilidade irreconciliável nas operações do Espírito Santo sobre as almas dos homens".[9] Além disso, como explicar adequadamente as diferenças contextuais entre as experiências das pessoas com Deus, relativas a diferentes personalidades, origens e variações socioculturais? Não se pode tornar dogmático na interpretação de cada detalhe de uma conversão religiosa ou de qualquer experiência religiosa.

Wesley frequentemente descrevia a certeza da salvação como o testemunho do Espírito. Às vezes, esse testemunho ocorre simultaneamente à experiência religiosa da conversão; às vezes, ocorre posteriormente. Wesley discutiu o assunto especificamente em dois sermões, "O Testemunho do Espírito I" e "O Testemunho do Espírito II". Ele descreveu o testemunho do Espírito Santo de Deus da seguinte forma:

> Mas o que é esse testemunho do Espírito de Deus, que é acrescentado e unido a este [testemunho do nosso próprio espírito]? Como ele "testemunha com o nosso espírito que somos filhos de Deus"? É difícil encontrar palavras na linguagem dos homens para explicar "as profundezas de Deus". De fato, não há nenhuma que expresse adequadamente o que os filhos de Deus vivenciam. Mas talvez se possa dizer (desejando a qualquer um que seja ensinado por Deus que corrija, suavize ou fortaleça a expressão): O testemunho do Espírito é uma impressão interior

na alma, por meio da qual o Espírito de Deus testifica diretamente ao meu espírito que sou um filho de Deus; que Jesus Cristo me amou e se entregou por mim; e que todos os meus pecados foram apagados e eu, eu mesmo, estou reconciliado com Deus.[10]

Paralelamente a esse testemunho do Espírito, segundo Wesley, está o próprio espírito dos cristãos testemunhando-lhes, por meio de sua consciência, que foram reconciliados com Deus por meio da salvação oferecida por Jesus Cristo. Eles podem então sentir uma consciência espiritual, que Wesley descreveu desta forma:

Ora, este é propriamente o testemunho do nosso próprio espírito; sim, o testemunho da nossa própria consciência, que Deus nos concedeu para sermos santos de coração e santos na conduta exterior. É a consciência de termos recebido, no e pelo Espírito de adoção, os temperamentos mencionados na Palavra de Deus, como pertencentes aos seus filhos adotivos; sim, um coração amoroso para com Deus e para com toda a humanidade; uma confiança infantil em Deus, nosso Pai, nada desejando senão a Ele, lançando sobre Ele todo o nosso cuidado e abraçando cada filho do homem com afeição sincera e terna: — Uma consciência de que somos interiormente conformados, pelo Espírito de Deus, à imagem de seu Filho, e de que andamos diante dele em justiça, misericórdia e verdade, fazendo o que é agradável aos seus olhos.[11]

Mais tarde, Wesley disse que os cristãos "não podem se satisfazer com nada menos do que um testemunho direto do seu Espírito, de que ele é 'misericordioso para com a injustiça deles e não se lembra mais dos seus pecados e iniquidades'".[12] Tal experiência é privilégio de todos os crentes. Ela ocorre antes do "testemunho do nosso próprio espírito", mas acompanha o "fruto do Espírito".[13] O testemunho do nosso próprio espírito ou consciência, somado à mudança real que ocorre em nossas vidas — a manifestação do fruto do Espírito —, fornece evidências adicionais da realidade de Deus, da sua salvação e de toda a sua verdade, conforme nos revelada pelas Escrituras.

Wesley concluiu que os cristãos de fato vivenciam diretamente o testemunho do Espírito Santo — um testemunho do qual podemos ter uma sensação consciente de segurança. Em uma carta a Conyers Middleton, Wesley se referiu com confiança à sensação de confirmação que se experimenta interiormente das verdades do cristianismo. Ele disse:

> Agora tenho certeza de que essas coisas são assim: eu as experimento em meu próprio peito. O que o cristianismo (considerado como doutrina) prometeu se cumpre em minha própria alma. E o cristianismo, considerado como um princípio interior, é a concretização dessas promessas. É santidade e felicidade, a imagem de Deus impressa em um espírito criado, uma fonte de paz e amor jorrando para a vida eterna.[14]

Nesse relato, Wesley se referiu à experiência no sentido experiencial e religioso do termo. Isso se distingue do misticismo — que Wesley criticava —, pois, nesse testemunho do Espírito, não se participa de um objeto em si, a saber, da unidade (ou união) indiferenciada com o ser divino. Mas Wesley também não tinha um conceito puramente empírico de experiência, no qual os dados se limitam ao conhecimento obtido ou confirmado pelos sentidos naturais. Wesley via uma relação entre experiências espirituais e físicas e estava interessado em examinar ambas. No entanto, quando se tratava do cristianismo, Wesley se preocupava especialmente com o conhecimento interior e espiritual que advém de um relacionamento pessoal com Deus — a religião do coração, como ele frequentemente a descrevia.

Limitações da Experiência

Além dessas duas experiências religiosas de conversão e do testemunho do Espírito Santo, Wesley mencionou visões, sonhos e outras experiências sobrenaturais. Mas ele permaneceu cauteloso, quase cético, em relação às alegações feitas pelas pessoas, devido à falta de cuidado na interpretação de tais experiências e à possibilidade de uma causa humana ou demoníaca, em vez de divina. [15] Wesley disse mais de uma vez que os cristãos não deveriam confiar em visões.[16] Ele nutria uma desconfiança semelhante pelos sonhos, mas demonstrava um fascínio recorrente por eles.[17]

Em seus primeiros anos, Wesley também se fascinou por escritores místicos. Mas, apesar de certas "excelências" que percebia em seus escritos, Wesley reconheceu muitos defeitos, de modo que acabou rompendo com a companhia deles, por exemplo, como no caso de William Law, e passou a criticar progressivamente seu misticismo. [18]

Perguntas para discussão

Embora Wesley se referisse à experiência como uma autoridade religiosa, até que ponto as experiências exercem autoridade em sua vida? Até que ponto você acha que os cristãos devem encarar a experiência com autoridade?

Quais experiências influenciam suas crenças, valores e práticas: Histórico pessoal (por exemplo, personalidade, educação)? Histórico familiar? Histórico religioso? Raça? Sexo? Classe social? Idioma? Nacionalidade? Como a sua consciência dessas influências ajuda (ou atrapalha) sua compreensão teológica?

A distinção de Wesley entre experiências externas e internas é útil? Quais são os exemplos de conhecimento religioso que podem ser aplicáveis à experiência externa: a existência de Deus? A confiabilidade das Escrituras?

Quais são alguns exemplos de conhecimento religioso que podem ser aplicáveis à experiência interior: experiências de conversão? Experiências de certeza da salvação? Como você vivenciou a conversão ou a certeza da salvação?

Como os cristãos devem encarar os relatos de milagres, visões e outras experiências sobrenaturais? Ao avaliá-los, como as Escrituras, a tradição da Igreja e a razão ajudam você a discernir sua confiabilidade?

Considerando a autoridade religiosa da experiência, em que medida os cristãos são consistentes (ou inconsistentes) em relação ao que dizem em teoria, em comparação com a forma como vivem na prática? Como podem se tornar mais consistentes e, portanto, menos hipócritas?

Notas

[1]"Upon our Lord's Sermon on the Mount, VI" (1748, sermon 26), III.7, *Works* (Bicentennial ed.), 1:580–81.

[2]Veja "The Signs of the Times" (1787, sermon 66), I.4, *Works* (Bicentennial ed.), 2: 524.31. "A Clear and Concise Demonstration of the Divine Inspiration of the Holy Scriptures," *Works* (Jackson ed.), 11:484.

[3]"A Farther Appeal, III," III.28, *Works* (Oxford ed.), 11:310.

[4]"A Farther Appeal, III," III.28, *Works* (Oxford ed.), 11:310.

[5]"To the Revd. Samuel Wesley, Sen.," 10 December1734, §15, *Works* (Oxford ed.), 25:403.

[6]*Journal* (Curnock ed.), 1:471–72, 24 May 1738.

[7]"The Witness of the Spirit, II" (1767, sermon 11), III.6, *Works* (Bicentennial ed.), 1:290.

[8]Por exemplo, veja a discussão de Wesley sobre a ordem da salvação contida em *Notes upon the New Testament,* Romanos 6:18; "On Predestination" (1773, sermon 58), §16, *Works* (Bicentennial ed.), 2:421; and especially "The Scripture Way of Salvation" (1765, sermon 43), *Works* (Bicentennial ed.), 2:155–69.

[9]Wesley: citado por Umphrey Lee, *John Wesley and Modern Religion* (Nashville: Cokesbury, 1936), 277.

[10]"The Witness of the Spirit, I" (1746, sermon 10), 1.7, *Works* (Bicentennial ed.), 1:274.

[11]"The Witness of the Spirit, I" (1746, sermon 10), 1.6, *Works* (Bicentennial ed.), 1:273–74.

[12]"The Witness of the Spirit, II" (1767, sermon 11), III.7, *Works* (Bicentennial ed.), 1:291.

¹³Veja "The Witness of the Spirit, I" (1746, sermon 10), 1.6–7, *Works* (Bicentennial ed.), 1:273, and "The Witness of the Spirit, II" (1767, sermon 11), III.5, V.3, *Works* (Bicentennial ed.), 3:289–90, 297–98.

¹⁴"To Dr. Conyers Middleton," 4 January 1749, II.12, *Letters* (Telford ed.), 2:383.

¹⁵Por exemplo, veja "The Witness of the Spirit, I" (1746, sermon 10), §1, *Works* (Bicentennial ed.), 1:269.

¹⁶Ver *Journal* (Curnock ed.), 4:359–60, 25 November 1759, and "Minutes of Some Late Conversations," Q.16, *Works* (Jackson ed.), 8:284.

¹⁷Lee, *John Wesley and Modern Religion*, 277: "Por um lado, Wesley desconfiava de sonhos, visões e do tipo mais exótico de experiência, e alertava seus seguidores contra eles. Mas demonstrava um interesse incomum por tais assuntos, mesmo quando expressava julgamentos cautelosos a respeito. De fato, sua doutrina de que Deus se expressa nos mínimos detalhes da vida, sustentando não apenas o Universo, mas também cuidando das menores coisas concernentes a seus filhos, gerou uma disposição para ouvir ao menos qualquer história, por mais improvável que fosse. Wesley certamente mantinha vivo um senso de admiração, e isso foi sem dúvida responsável por muitos dos excessos entre os primeiros metodistas."

¹⁸Por exemplo, veja "To Mary Bishop," 19 September 1773, *Letters* (Telford ed.), 6:43–44.

CONCLUSÃO
O QUE DEVEMOS FAZER ENTÃO?

Em Lucas 3:10, penitentes perguntaram a João Batista: "Que faremos então?" Para Wesley, não bastava afirmar a teoria cristã correta (crenças e valores). Também era importante colocar em prática essas crenças e valores em aplicações que demonstrassem amor a Deus, a si mesmo e ao próximo — individual e coletivamente. É claro que Wesley afirmou a importância do mandamento de amar a Deus e ao próximo, e acreditava que o principal recurso que Deus nos deu para compreender esse mandamento eram as Escrituras. Refletindo sua formação anglicana, Wesley também afirmou as genuínas, embora secundárias, autoridades religiosas da tradição e da razão. A essas autoridades religiosas, Wesley acrescentou a experiência. Ao fazê-lo, ele não acreditava ter feito nada de inovador; Wesley apenas pensava que reconhecia o que os cristãos sempre fizeram. Ao incluir a experiência, Wesley demonstrou uma crescente preocupação das pessoas em geral, e dos cristãos em particular, em incluir todos os aspectos do contexto das pessoas, que influenciavam suas crenças, valores e práticas. Sua integração de experiência como autoridade religiosa representa uma das maiores contribuições de Wesley ao desenvolvimento teológico do cristianismo histórico.

Wesley equilibrou muitas dimensões da vida humana e da religião, algo que poucos na história da

Igreja conseguiram alcançar. William Abraham descreve maravilhosamente a capacidade de Wesley de integrar vários pares disjuntivos, geralmente separados e expressos isoladamente. Abraham diz:

> Considere os seguintes pares disjuntivos: fé, obras; devoções pessoais, prática sacramental; piedade pessoal, preocupação social; justificação, santificação; evangelismo, educação cristã; Bíblia, tradição; revelação, razão; compromisso, civilidade; criação, redenção; grupo celular, igreja institucional; cenário local, paróquia mundial.[1]

Ao descrever esse equilíbrio de pares disjuntivos na teologia e no ministério de Wesley, permitam-me resumir como ele avançou o cristianismo em seu tempo e lugar históricos. Assim, será mais fácil compreender a relevância contínua de Wesley para os cristãos de hoje no que diz respeito à pergunta: O que devemos fazer, então?

Resumo do Quadrilátero Wesleyano

O século XVIII foi um divisor de águas na história intelectual ocidental. Durante a florescente era do Iluminismo, Wesley respondeu à necessidade dos cristãos de afirmarem as Escrituras e a ortodoxia clássica. Ele teve o privilégio e o fardo de viver em um período de transição, quando os cristãos precisavam proclamar novamente suas crenças e experiências de vida em Jesus Cristo. Em vez de retornar apenas às Escrituras ou aos credos e confissões da igreja antiga, Wesley reconcebeu o cristianismo histórico à luz das preocupações e do pensamento contemporâneos. O resultado de seu trabalho teológico envolveu mais uma abordagem ao cristianismo do que um sistema completo. Mas sua abordagem obteve sucesso no século XVIII em termos tanto de método teológico quanto de renovação espiritual. Como Wesley se recusou a permitir que filosofias ou sistemas teológicos específicos ditassem seu pensamento, seus escritos continuam a oferecer insights para aqueles que desejam abordar as Escrituras e a ortodoxia clássica da maneira mais relevante e convincente possível.

Ao longo de seus escritos, Wesley estava ciente da obra imanente do Espírito Santo na vida das pessoas e na tarefa da teologia. Questões de autoridade eram vivas e dinâmicas devido à presença e à autoridade suprema do Espírito Santo na vida e na teologia do crente. Dada a necessidade de orientação divina na tarefa da teologia, Wesley abordou a Escritura, a tradição, a razão e a experiência como autoridades religiosas interdependentes. Embora possam não se encaixar em um sistema teológico preciso, elas se mantinham unidas em uma abordagem metodológica coerente que atendia às necessidades ministeriais e teológicas de sua época.

Em meio a uma onda crescente de críticas bíblicas por parte de deístas, Wesley afirmou a inspiração e a autoridade religiosa primária das Escrituras, autenticadas pelo testemunho interior do Espírito Santo. Ele afirmou a autoridade e a confiabilidade das Escrituras sem reagir indiscriminadamente às críticas contemporâneas. Em vez disso, buscou dialogar com os críticos. Procurou compreender, apreciar e utilizar o melhor de suas obras sem cometer qualquer injustiça à mensagem evangélica da salvação.

A autoridade e a confiabilidade das Escrituras permaneceram intactas, embora Wesley reconhecesse a crescente necessidade de seu estudo crítico. Seus apelos à tradição, à razão e à experiência servem para completar uma hermenêutica mais sofisticada que começa e termina nas Escrituras.

Wesley demonstrou um amplo conhecimento do cristianismo histórico, tanto oriental quanto ocidental, compartilhado por poucos de seus contemporâneos. Ele buscava na ortodoxia clássica uma fonte de autoridade religiosa que genuinamente complementa nosso conhecimento das verdades bíblicas. A *Sola Scriptura* continua sendo suficiente para a salvação. Mas a tradição cristã serve como um recurso suplementar para as necessidades teológicas e ministeriais dos cristãos contemporâneos.

Wesley não limitou sua teologia e ministério apenas à tradição protestante. Ao contrário, apropriou-se livremente do conhecimento da tradição católica, ortodoxa e de outras tradições cristãs. Tais tradições ofereceram insights valiosos para destilar o conteúdo e a vitalidade da verdadeira religião espiritual. Seu espírito católico em relação às diversas tradições o tornou suspeito entre muitos de seus contemporâneos e entre alguns cristãos de hoje. Mas sua abordagem inclusiva e universal continua a tornar sua teologia mais relevante e eficaz em nossos dias.

O apelo à razão como autoridade religiosa genuína estava bem estabelecido no pensamento anglicano antes da época de Wesley. Wesley não via motivo para temer o uso da razão e a disciplina da lógica. Ele afirmava a crença popular na razoabilidade do cristianismo. Wesley não esperava que a razão refutasse nada encontrado nas Escrituras e, portanto, não hesitou em considerá-la uma salvaguarda para a fé cristã.

No entanto, Wesley não empregou a razão de forma acrítica, nem simpatizou com sistemas teológicos fortemente influenciados por metodologias racionalistas. Ele considerava a razão limitada, particularmente em seu poder epistemológico. Mas a razão serve como uma ferramenta ou meio crítico para refletir sobre a teologia e a vida cristã, e, portanto, nossa fé deve ser compatível com a boa razão ou lógica. O conteúdo da nossa fé não começa com a razão; ela confirma e complementa os pensamentos e experiências dos cristãos. Assim, Wesley afirmou a razão como parte essencial de sua abordagem metodológica à teologia.

Os apelos de Wesley à experiência representam sua contribuição mais conhecida e também mais controversa para a investigação teológica. A dimensão experiencial, ou experimental, de sua teologia referia-se principalmente à experiência do Espírito Santo de Deus na vida dos crentes. Os cristãos têm o privilégio de experimentar o perdão, o amor e a presença do divino. Experiências subsequentes de uma vida e atitudes transformadas representam garantias de salvação.

Mas a confiança de Wesley na experiência ia além da experiência imediata do divino. Ele não demarcava uma diferença entre experiências da realidade objetiva de Deus e experiências concomitantes de sentimentos, emoções e pensamentos subjetivos. Assim, ele tomou a liberdade de recorrer a experiências empiricamente observáveis a fim de confirmar, ilustrar e, às vezes, refinar as crenças cristãs. Embora, para Wesley, a experiência nunca tenha sido a fonte da doutrina, ela desempenhou um papel inegável na disciplina da teologia.

Ao introduzir a experiência como fonte de autoridade religiosa, Wesley não se via fazendo algo inovador na história do pensamento cristão. Ele considerava a experiência um aspecto autoevidente e essencial da verdadeira religião escritural. Mas ele a incluiu explicitamente, enquanto antes ela era apenas uma parte tácita dos esforços teológicos. Ao afirmar a experiência como uma genuína autoridade religiosa, ele antecipou uma mudança germinativa no desenvolvimento do método teológico. Ao contrário de Wesley, muitos teólogos que o sucederam foram incapazes de manter a experiência em tensão com as Escrituras e a ortodoxia clássica.

A interação entre essas diversas autoridades religiosas ficou conhecida como o quadrilátero wesleyano. O termo é mais uma referência abreviada à sua relação de interdependência do que uma declaração bem desenvolvida ou definida do conceito wesleyano de autoridade religiosa e método teológico. Mas o quadrilátero serve como um modelo útil para a compreensão da complexidade e da dinâmica da abordagem teológica de Wesley.

Ironicamente, às vezes houve maior compreensão e apreciação do método teológico de Wesley fora das tradições metodistas do que dentro delas. A catolicidade de seu pensamento tem atraído especialmente os cristãos contemporâneos que desejam abordar sua hermenêutica e teologia de uma forma que transcenda as formulações não contextuais do cristianismo. A Escritura por si só, a tradição por si só, a razão por si só ou a experiência por si só não satisfazem as demandas contextuais para a compreensão da abrangência e relevância da fé cristã. Mesmo a combinação de dois ou três desses componentes não satisfaz a necessidade de um tratamento mais católico ou universal tanto do conteúdo quanto da vitalidade do cristianismo. O modelo do quadrilátero wesleyano busca satisfazer a necessidade de maior catolicidade, bem como de vitalidade espiritual na teologia cristã.

O quadrilátero wesleyano não é um modelo ou paradigma perfeito. Poucos modelos ou paradigmas o são. Mas ele ajuda a responder a algumas das questões desafiadoras de autoridade religiosa e método teológico enfrentadas pelos cristãos ao longo da história da igreja. Lembre-se de que o quadrilátero serve mais como uma ferramenta heurística ou uma pista de como alguém pode se tornar mais aberto, mais sofisticado e mais eficaz na vivência de suas crenças, valores e práticas. O quadrilátero não é tão importante em si mesmo; em vez de ser um fim em si mesmo, o quadrilátero serve mais como um meio para crescer na compreensão religiosa, bem como na fé, na esperança e no amor a Deus, a si mesmo e aos outros — espiritual e fisicamente, individual e coletivamente.

Preservando e Progredindo

Como vimos, Wesley não se considerava um inovador do método teológico. Ele se considerava teologicamente ortodoxo, preservando a tradição clássica do cristianismo. Tanto assim que, em um sermão, ele disse: "Mas qualquer doutrina que seja nova deve estar errada; pois a religião antiga é a única verdadeira; e nenhuma doutrina pode estar certa a menos que seja a mesma 'que era desde o princípio'."[2] Portanto, Wesley pode ser visto como alguém que preserva o cristianismo histórico e bíblico, e também como alguém que progride nas formas necessárias para promover a espiritualidade vital do cristianismo.

Mais especificamente, Wesley se via confortavelmente inserido no contexto da tradição protestante e, em particular, da anglicana. Embora buscasse espiritual e moralmente renovar o anglicanismo, assim como toda a Grã-Bretanha, preservou seu conservadorismo teológico devido à sua relutância em ir a extremos na experiência religiosa.

Alinhando-se à tradição anglicana, Wesley considerava que sua teologia e ministério refletiam o melhor da tradição eclesiástica, especialmente da Igreja da antiguidade cristã. A Tradição contém a experiência vivida de incontáveis gerações de cristãos e, portanto, transmite tanto as doutrinas quanto os relatos da vida dos cristãos e das comunidades eclesiais. Estes, juntamente com as Escrituras, fornecem a medida pela qual podemos padronizar as crenças e práticas cristãs atuais. A Tradição também nos ajuda a interpretar trechos problemáticos do texto bíblico e a nos proteger de aplicações extremas ou prejudiciais da fé.

A razão desempenhou um papel vital na tradição anglicana como mediadora entre métodos teológicos concorrentes que apelavam principalmente à tradição da Igreja ou às Escrituras. Como mediadora, a razão serviu para integrar as Escrituras e a tradição em uma compreensão mais holística e relevante da fé cristã. Wesley concordava com essa orientação do cristianismo como razoável e crível na era cada vez mais secular do Iluminismo. Dentro dessa tradição anglicana, ele sentiu o chamado ministerial para trabalhar pela preservação ou renovação daquele núcleo vital e espiritual de piedade que caracterizou a essência do cristianismo ao longo dos tempos.

O apelo à experiência, concebido de forma ampla, encaixava-se logicamente na cosmovisão teológica e pastoral de Wesley. Por um lado, parecia a coisa óbvia a fazer, ou seja, apelar explicitamente à experiência cristã histórica da salvação: o novo nascimento por meio do arrependimento e da justificação, a habitação do Espírito Santo e o fato discernível da vida santificada. Por outro lado, Wesley incluiu intencionalmente a experiência em seu método teológico para impedir que os cristãos — os metodistas em particular — sucumbisse ao recorrente tipo de religião racionalista e formalista que extinguia a vitalidade do Espírito Santo na vida do crente. Acima de tudo, Wesley buscou fornecer uma visão mediadora do cristianismo que evitasse os extremos do entusiasmo místico (incluindo o antinomianismo), de um lado, e a ortodoxia morta que suprime a verdadeira religião do coração, de outro. Assim, Wesley progrediu além das tendências estultificantes entre os cristãos que ignoravam — para seu detrimento doutrinário — a necessidade de integrar a autoridade religiosa da experiência.

Considerações finais

Ao buscar essa realidade holística da fé religiosa, a ênfase de Wesley na experiência inaugurou uma nova era no método teológico. Embora possa não ter compreendido todas as implicações de sua metodologia, ele alterou e enriqueceu as categorias para abordar a tarefa da teologia. Assim como o pietismo na Europa Continental, Wesley reconheceu que nenhuma teologia deveria ser categorizada ou sistematizada de forma a deixar de fora a dimensão autenticadora e animadora que a experiência religiosa contribui para uma compreensão espiritualmente sensível da doutrina e da vida cristã. A importância das experiências religiosas dos crentes não podia mais ser tacitamente assumida para o indivíduo ou para o método teológico. Como a própria consciência teológica de Wesley havia mudado, ele introduziu contextualmente a experiência no âmbito do método teológico na consciência da Inglaterra do século XVIII e dos futuros teólogos.

Ao fazê-lo, Wesley antecipou a ênfase do século XIX na experiência, embora não como fundamento e, eventualmente, como fonte primária de autoridade religiosa para a teologia cristã. É claro que ele não teve influência direta no desenvolvimento do pensamento protestante liberal, pois Wesley era ortodoxo demais — bíblico demais — para provocar tal mudança. Mas historiadores e teólogos, nas palavras de Umphrey Lee, "há muito tempo reconhecem que Wesley e o Metodismo, em seu sentido mais amplo, contribuíram para a ruptura da antiga ortodoxia e do racionalismo do século XVIII".[3] Outros, como George Cell, afirmam que ninguém mais do que Wesley trouxe o fator subjetivo e contextual para influenciar a interpretação das Escrituras e a formulação do pensamento cristão.[4]

A obra de Wesley permanece relevante porque, por um lado, ele buscou preservar um núcleo historicamente concebido e espiritualmente vital de crenças, valores e práticas bíblicas. Por outro lado, Wesley não temeu introduzir autoridades religiosas extrabíblicas, interdependentes e contextuais na tentativa de discernir a religião verdadeira, bíblica e experimental.

Questões para Discussão

Considere a pergunta: "O que devemos fazer então?" Como o quadrilátero wesleyano desafia você a pensar diferente? Como ele desafia você a agir diferente?

Qual a importância de os cristãos refletirem sobre a autoridade religiosa de maneiras que vão além das Escrituras? Novamente, de que maneiras é útil considerar a tradição da Igreja, o pensamento crítico e a experiência relevante na tomada de decisões teológicas?

De acordo com Wesley, por que é importante que os cristãos afirmem que as Escrituras são sua principal autoridade religiosa? Que desafios surgem quando as Escrituras — na teoria ou na prática — deixam de ser a principal autoridade religiosa de alguém?

Por que pode ser mais importante manter uma abordagem consistente (ou método teológico) para as crenças, valores e práticas cristãs, em vez de afirmar uma teologia sistemática ou um dogma da igreja?

Por que é importante considerar o contexto (ou a situação) da tomada de decisão cristã? Como isso ajuda você a amadurecer em sua autocompreensão? Como isso ajuda você a compreender e apreciar as crenças, os valores e as práticas dos outros?

De que maneiras o quadrilátero wesleyano pode beneficiá-lo hoje em termos de perguntas ou preocupações imediatas? Como ele pode beneficiá-lo em termos de como você vive e pensa como cristão?

Notas

[1]William J. Abraham, *The Coming Great Revival* (San Francisco: Harper & Row, 1984), 67.

[2]"On Sin in Believers" (1763, sermon 13), III.9, *Works* (Bicentennial ed.), 1:324.

[3]Umphrey Lee, *John Wesley and Modern Religion* (Nashville: Cokesbury, 1936), 301.

[4]Cf. George C. Cell, *Rediscovery of John Wesley* (New York: Henry Holt, 1935), 72–73.

www.ingramcontent.com/pod-product-compliance
Lightning Source LLC
Chambersburg PA
CBHW051833090426
42736CB00011B/1784